D1754063

Fabio Correa

Zwischen Everett und Gonçalves

Ein linguistisch-anthropologischer
Dialog über die Sprache und Kultur
der Pirahã-Gesellschaft

Diplomica Verlag GmbH

Correa, Fabio: Zwischen Everett und Gonçalves: Ein linguistisch-anthropologischer Dialog über die Sprache und Kultur der Pirahã-Gesellschaft, Hamburg, Diplomica Verlag GmbH 2013

Buch-ISBN: 978-3-8428-8251-5
PDF-eBook-ISBN: 978-3-8428-3251-0
Druck/Herstellung: Diplomica® Verlag GmbH, Hamburg, 2013
Covermotiv: © Ellen Ebenau – Fotolia.com

Bibliografische Information der Deutschen Nationalbibliothek:
Die Deutsche Nationalbibliothek verzeichnet diese Publikation in der Deutschen Nationalbibliografie; detaillierte bibliografische Daten sind im Internet über http://dnb.d-nb.de abrufbar.

Das Werk einschließlich aller seiner Teile ist urheberrechtlich geschützt. Jede Verwertung außerhalb der Grenzen des Urheberrechtsgesetzes ist ohne Zustimmung des Verlages unzulässig und strafbar. Dies gilt insbesondere für Vervielfältigungen, Übersetzungen, Mikroverfilmungen und die Einspeicherung und Bearbeitung in elektronischen Systemen.

Die Wiedergabe von Gebrauchsnamen, Handelsnamen, Warenbezeichnungen usw. in diesem Werk berechtigt auch ohne besondere Kennzeichnung nicht zu der Annahme, dass solche Namen im Sinne der Warenzeichen- und Markenschutz-Gesetzgebung als frei zu betrachten wären und daher von jedermann benutzt werden dürften.

Die Informationen in diesem Werk wurden mit Sorgfalt erarbeitet. Dennoch können Fehler nicht vollständig ausgeschlossen werden und die Diplomica Verlag GmbH, die Autoren oder Übersetzer übernehmen keine juristische Verantwortung oder irgendeine Haftung für evtl. verbliebene fehlerhafte Angaben und deren Folgen.

Alle Rechte vorbehalten

© Diplomica Verlag GmbH
Hermannstal 119k, 22119 Hamburg
http://www.diplomica-verlag.de, Hamburg 2013
Printed in Germany

Inhaltsverzeichnis

1 Einleitung 7
2 Einführende Anmerkungen zu verwendeten Begriffen 11
   2.1 „Indigene" 11
   2.2 „Weiße Brasilianer" 13
3 Ethnographische Darstellung der Pirahã 15
   3.1 Geschichte 15
      3.1.1 Die Mura und andere Ethnien des Madeira-Flusses 15
      3.1.2 Nimuendajús Beschreibungen 17
      3.1.3 De Oliveira und Rodrigues – FUNAI, 1975 19
      3.1.4 Weitere Informationen 21
   3.2 Aktuelle Kontakte mit weißen Brasilianern 22
      3.2.1 Wirtschaftsbeziehungen 23
   3.3 Umweltbedingungen der Pirahã 23
      3.3.1 Trockenzeit (Sommer): das Leben am Strand 25
      3.3.2 Regenzeit (Winter): das Leben im Wald 26
   3.4 Verwandtschaftssysteme und soziale Organisation 27
      3.4.1 Räumliche Konsequenzen der Verwandtschaftsbeziehungen ... 28
      3.4.2 Die Bildung der Hälften 28
         a) der erbliche Anspruch auf ein Territorium 28
         b) Unterscheidung zwischen nahen (*ahaige*) und entfernten Verwandten (*mage*) 29
         c) Heiratsregeln/-präferenzen 29
      3.4.3 Weitere Anmerkungen zum Aufbau der Verwandtschaftsbeziehungen 31
   3.5 Die Pirahã-Kosmologie 32
      3.5.1 Definition und Verwendung des Konzepts "Kosmologie" ... 32
      3.5.2 Der Kosmos und die kosmischen Wesen 33
         a) Die *ibiisi* 33
         b) Die *abaisi* 33
         c) Die *kaoaiboge* und die *toipe* 36
      3.5.3 Schamanismus 37

4 Die Bedeutung der Erfahrung für die Pirahã-Kultur **39**

    4.1   Ein Universum in Bewegung: Die Rolle des Experimentierens (Gonçalves) 39

    4.2   Die Rolle der unmittelbaren Erfahrung bei den Pirahã (Everett) 41

        4.2.1   Everetts Definition von „Kultur" 42

        4.2.2   *Immediacy of Experience Principle* (IEP) 43

5 Die Pirahã-Sprache **45**

    5.1   Everetts Behauptungen 46

        5.1.1   Einflüsse der Kultur auf die strukturelle Ebene einer Sprache 46

        5.1.2   Merkmale der Pirahã-Sprache: Everetts Versuch zur Widerlegung der universalistischen Sprachtheorien 48

            a)   Entlehnung von Pronomen 50

            b)   Zeitform 50

            c)   Verwandtschaftsbezeichnungen 51

            d)   Abwesenheit von Schöpfungsmythen und Fiktionen 52

            e)   Einsprachigkeit 53

            f)   Abwesenheit von Rekursion 54

            g)   Abwesenheit von Nummern, Zahlen und Berechnungen 55

            h)   Farbbezeichnungen 56

        5.1.3   Anmerkungen zu Everetts Behauptungen 58

6 Fazit: Der ethnologische Beitrag zu einer linguistischen Diskussion **61**

7 Literatur **69**

1 Einleitung

Die Pirahã bilden eine Ethnie, die in der Madeira-Region im brasilianischen Amazonien lebt. Ihre Sprache, die Pirahã, gehört zu der alleinstehenden Familie der Mura-Sprachen und ist die einzige davon, die immer noch gesprochen wird.

Daniel Leonard Everett kam 1977 als Missionar ins Amazonasgebiet, wo er und seine Familie mehrere Jahre verbrachten, um die Pirahã zum Christentum im Auftrag des *Summer Institut of Linguistics* zu konvertieren – was ihm letztendlich nicht gelang (Everett 2008). Nachdem er die Sprache erlernt hatte, studierte er sie und veröffentlichte mehrere linguistische Studien (ibid. 1979, 1983, 1985, 1987, 1988, 1993, u.a.) darüber. 2005 brachte die Zeitschrift *Current Anthropology* einen Artikel von Everett mit dem Titel „Cultural Constraints on Pirahã Grammar" heraus. Darin beschreibt er acht Merkmale der Sprache, die belegen sollen, dass die Kultur der Pirahã die Struktur ihrer Sprache beeinflusst und einschränkt. Darüber hinaus behauptet er in diesem Text, dass dies als ein Beweis dafür dient, die universalistischen Ansätze der Sprachwissenschaft zu widerlegen – u.a. Noam Chomskys Modell von einer Universalgrammatik. Nach der Publikation des Artikels äußerten viele Wissenschaftler ihre Kritiken (Kay 2005, Levinson 2005, Wierzbicka 2005, Nevins et al 2009) an Everetts Standpunkt, was zu einer akademischen Debatte führte, von der auch die Medien berichteten[1].

Trotz der überwiegenden Kritiken gehören die Behauptungen von Daniel Everett zu einer theoretischen Position, die innerhalb der Sprachwissenschaft seit Chomskys Modell einer Universalgrammatik vernachlässigt wird. Mit dem Pirahã-Fall wird somit die Frage, ob Kultur und Sprache sich gegenseitig beeinflussen, wieder ins Spiel gebracht – wenigstens innerhalb der Linguistik. Infolgedessen kann man sich fragen, was die Anthropologie zu dieser Debatte beitragen kann und inwieweit die ethnographischen Daten über die Pirahã-Gesellschaft die Auseinandersetzung zwischen den universalistischen und relativistischen Ansätzen der Sprachwissenschaft erweitern können.

---

[1] Beispiele dafür sind: *"Talk talk"* (http://www.economist.com/node/21550238, zuletzt abgerufen am 13. Februar 2013) und *"How do you say disagreement in Pirahã"* (http://www.nytimes.com/2012/03/22/books/a-new-book-and-film-about-rare-amazonian-language.html?pagewanted=all, zuletzt abgerufen am 13. Februar 2013).

Zunächst wird in dieser Untersuchung das Ziel verfolgt, die Pirahã ethnographisch zu beschreiben und ihre Weltansicht zu schildern. Das erfolgt mithilfe von Daten und Untersuchungen, die Autoren im 20. sowie 21. Jahrhundert produziert haben. Vor allem sind die Studien von Marco Antonio Gonçalves (1993, 1995, 2000 und 2001) für diese Studie wichtig, da dieser Autor sowohl ausführliche Beschreibungen als auch Interpretationen vieler kultureller Aspekte dieser Ethnie anbietet. Anschließen stellt die hier präsentierte Untersuchung Everetts Argumentation (inklusive die Kritiken an dieser) und die linguistischen Strömungen vor, die in der Debatte eine Rolle spielen.

Angenommen, dass wissenschaftliche Modelle und Ansätze im Rahmen der Auseinandersetzung zwischen diesen zwei Strömungen teilweise von den Vorzügen ihrer Wissenschaftler geprägt werden, wird diese Studie nicht das Ziel verfolgen, sich auf die Seite einer der beiden sprachwissenschaftlichen Perspektiven, der relativistischen oder der universalistischen, zu stellen. Hingegen wird versucht, sowohl den linguistischen Relativismus als auch den universalistischen Ansatz zu schildern und aufzuzeigen, dass eine tiefe ethnographische Untersuchung dazu beitragen kann, der betroffenen Ethnie eine Stimme in dieser Debatte zu geben.

Im Endeffekt widmet sich die hier präsentierte Untersuchung der folgenden Fragestellung:

Welchen Beitrag kann die ethnographische Analyse der Pirahã hinsichtlich der linguistischen Debatte um Everetts Behauptungen leisten?

Die oben genannte Fragestellung lässt sich in die folgenden Unterfragen gliedern:
- Welche sind nach Everett die kulturellen Merkmale der Pirahã, die einen Einluss auf ihre Sprache haben?
- Welche Position nimmt Everetts Theorie innerhalb der wissenschaftlichen Stellungnahmen angesichts der relativistischen und universalistischen Ansätze ein?

- Was bedeutet Kultur und unmittelbare Erfahrung für Everett und welche Rolle spielt laut Gonçalves die Erfahrung bei den Pirahã?
- Wo befindet sich die Schnittstelle zwischen Sprachwissenschaft und Anthropologie und welchen Einblick ermöglicht in diesem Zusammenhang der Pirahã-Fall?

Diese Untersuchung stützt sich also auf die folgenden Felder: eine Definition der Theorie Everetts, eine ethnographische Darstellung der Pirahã-Gesellschaft bzw. der sogenannten Pirahã-Debatte sowie die Einordnung der sprachwissenschaftlichen Positionen, die in dieser auftreten.

Die Thesis schließt mit dem Versuch, aus diesen drei Punkten einen Lösungsvorschlag mit Blick auf die Auseinandersetzung um die Merkmale der Pirahã-Sprache zu entwerfen.

Diese Studie wurde mit Betreuung von Prof. Dr. Hansjörg Dilger des Instituts für Ethnolgie der Freien Universität Berlin verfasst.

2 Einführende Anmerkungen zu verwendeten Begriffen

Die Pirahã bilden diejenige ethnische Gruppe, die in dieser Studie analysiert wird. Im Text sind sie als „Indigene" bezeichnet – ein Begriff, den man zunächst problematisieren und definieren muss, bevor man diesen hier verwendet. Des Weiteren werden die nicht-indigenen Individuen, die in Kontakt mit den Pirahã sind, „weiße Brasilianer" genannt. In den folgenden Abschnitten wird die Wahl der Begriffe begründet.

2.1 „Indigene"

Der Terminus „indigen" stammt aus dem Lateinischen und wird aus den Partikeln „indi" und „gen" gebildet. „Gen" bedeutet Stamm, Abstammung, Herkunft oder Geburt. „Indigen" bedeutet also „in etwas eingeboren" oder „innerhalb einer Abstammung", was sich in der deutschen Sprache als „eingeboren" übersetzen lässt (Dömpke et al. 1996: 10, Hartwig 1994).

Ströbele-Gregor (2004: 10) argumentiert, dass das Wort *indígena* genauso wie die Variante *indio* (deutsche Übersetzung: Indianer) der portugiesischen und spanischen kolonialen Herrschaftsideologie entstammt und dass beide keine präzise Bezeichnung von einer bestimmten ethnischen Gruppe anbieten. Laut der Autorin sind diese Begriffe Konstrukte, die geschaffen wurden, um die betroffenen Ethnien rechtlich und ideologisch zu homogenisieren. Des Weiteren kommentiert sie die heutige Verwendung beider Konzepte:

> „In der Aktualität werden die Begriffe *indio* und *indígena* von Staat zu Staat und teilweise auch innerhalb eines Staates unterschiedlich verwendet, sie drücken aber eine weitgehend paternalistische Einstellung im Umgang mit der so bezeichneten Bevölkerung aus, die bisweilen nicht frei ist von rassistischen Zügen. Im Bewusstsein der als *indio* bezeichneten Akteure ist der pejorative Gehalt dieses Begriffes fest verankert" (ibid.: 8).

Heutzutage stellt man fest, dass die internationale Gemeinschaft das Wort „indigen", *indigenous* oder *indígena* anstatt „Indianer", *indian* oder *índio* bevorzugt. Dies kann man auf den Versuch zurückführen, „eine "neutrale" Bezeichnung für die einheimischen

Völker Amerikas und auch der anderen Kontinente zu finden" (ibid.: 12). Zudem weisen Dömpke et al. (1996: 10) darauf hin, dass andere Bezeichnungen wie „Stammesvölker" und „Ureinwohner" auf diejenigen Gruppen nicht zutreffen würden, die gewandert sind. Darüber hinaus entspricht in der deutschen Sprache das Konzept „indigen" den englischen, französischen und spanischen Varianten (ibid.: ibid.) und umfasst auch das portugiesische Wort *indígena*.

Man muss allerdings zunächst die Kriterien verdeutlichen, die eine ethnische Gruppe als indigen charakterisiert, um die Pirahã mit diesem Begriff zu beschreiben. Dömpke et al. (ibid.: ibid.) definieren Indigene als Gruppen von Individuen mit bestimmten Sprachen, Geschichten und Kulturen. Des Weiteren teilen die Angehörigen einer indigenen Gruppe eine spirituelle Verbindung zu dem Land, das sie bewohnen. Somit wird ihr Lebensraum von ihnen als sakral verstanden. Die Autoren fügen hinzu:

> „Das indigene Volk erwirbt durch diese Verbindung das Recht, dieses Territorium mit seinen Lebewesen auf ebenfalls festgelegte, 'traditionelle' Weisen zu nutzen, gegen die Verpflichtung, alle Lebensformen darin zu bewahren. Ein indigenes Volk umfa[ss]t dann die Abkömmlinge all derjenigen Personen, die diese Verbindung ursprünglich hergestellt haben und die sich ihr weiterhin verpflichtet fühlen" (Dömpke et al 1996: 10).

Diese Verbindung wird durch religiöse und spirituelle Traditionen weitergegeben. Die Definition führt auf die oben genannte Bedeutung des Wortes „indigen" als „eingeboren" zurück, was im Sinne der engen Beziehung zwischen Menschen und Land bestätigt wird. Dömpke et al. (ibid.: ibid.) veranschaulichen dies mit einer Aussage, die die Indigenen häufig benutzen, um ihre eigene Identität zu erklären. Sie lautet: „Das Land gehört uns nicht, sondern wir gehören zum Land."

Die folgende ethnographische Darstellung der Pirahã-Gesellschaft macht deutlich, dass die Individuen aus dieser ethnischen Gruppe eine enge Verbindung mit ihrem Lebensraum besitzen. Man kann feststellen, dass wichtige Bestandteile ihres Daseins, wie die soziale Organisation und die Kosmologie, von der Umweltbedingung der Madeira-Region, wo sie leben, untrennbar sind. Zudem gibt es die weltweit akzeptierte Definition der indigenen Gesellschaften (Ströbele-Gregor 2004: 12), die Martínez-Cobo 1987 in einer Studie für die Vereinten Nationen entwickelte:

„[The indigenous peoples] form at present non-dominant sectors of societies and are determined to preserve, develop and transmit to future generations their ancestral territories, and their ethnic identity, as the basis of their continued existence as peoples, in accordance with their own cultural patterns, social institutions and legal systems" (Martínez-Cobo 1987: 379 zitiert in Ströbele-Gregor 2004: 12)

Auf die Pirahã treffen sowohl diese als auch die oben erwähnten Definitionen zu. Dementsprechend werden sie hier als „indigen" bezeichnet.

2.2 „Weiße Brasilianer"

Die nicht-indigenen Individuen, die in Kontakt mit den Pirahã sind und in den anliegenden Regionen wohnen, werden in dieser Studie als „weiße Brasilianer" bezeichnet. Diese Bezeichnung wird von Gonçalves (2001) übernommen, dessen Werke die Grundlage der ethnographischen Darstellung der Pirahã hier in diesem Buch bilden. Der brasilianische Anthropologe nennt die nicht-indigenen Individuen *brancos*, was übersetzt „Weiße" heißt.

Das Wort „Weiße" in der hier präsentierten Untersuchung bezieht sich nicht auf die Hautfarbe der betroffenen Individuen. Es ist eher ein Versuch, für die nicht-indigenen Menschen eine Bezeichnung zu finden, die keine evolutionistische Bedeutung mit sich trägt, um Begriffe zu vermeiden, die eine vermutete „Zivilisierung" der Nicht-Indigenen andeuten würden (wie z.B. „zivilisierte Brasilianer"). Man könnte den Pirahã auch den Status „Brasilianer" nicht entziehen, deswegen muss das Adjektiv „weiß" vor der Nationalität stehen, worauf Everett (2005, 2009, 2012) beispielsweise nicht achtet. Die Variante „Nicht-Indigene" wurde nicht verwendet, weil sie in der recherchierten Literatur kaum auftaucht.

Daher wird im Folgenden „weiße Brasilianer" für die nicht-indigene Bevölkerung verwendet. Man muss jedoch betonen, dass dieses Konzept die äußeren Merkmale (z. B. das Aussehen) der betroffenen Menschen keineswegs mit einbezieht. Somit enthält „Weiße Brasilianer" hier lediglich eine epistemologische Bedeutung, die Individuen kulturell und historisch abgrenzt – aber nicht biologisch.

3 Ethnographische Darstellung der Pirahã

3.1 Geschichte

Obwohl die Existenz des Madeira-Flusses bereits im 16. Jahrhundert auf Grund der Reisen von de Carvajal und de Orellana bekannt war, und der Jesuit Cristobal de Acuna die Umgebung im 17. Jahrhundert besuchte (Gonçalves 2001: 49), erschienen Berichte über die Pirahã erst während der zweiten Hälfte des 19. Jahrhunderts. Erwähnt wurde die Ethnie zum ersten Mal in einem Dokument aus dem Jahr 1853 von Ferreira Penna und in einem Reisebericht von James Orton, der auf das Jahr 1873 datiert ist (Nimuendajú 1925: 142).

Die Okkupation der heute von den Pirahã bewohnten Region, die im brasilianischen Amazonien zwischen den Madeira- und Tapajós-Flüssen liegt, begann am Ende des 17. Jahrhunderts und vollzog sich allmählich. Dies endete erst in der zweiten Hälfte des 20. Jahrhunderts. Die staatliche Bemühung, diese Region zu okkupieren, begann mit dem Ziel, einen Wasserweg vom Madeira-Fluss bis zur Stadt Belém zu etablieren. Da Brasilien bis 1822 eine portugiesische Kolonie war, war Belém der nächste Hafen, aus dem man die Waren nach Portugal verschiffen konnte. Dies führte dazu, dass die Portugiesen auf Grund des hohen Nutzens dieser Route die Region lange Zeit besiedelten und beeinflussten (Gonçalves 2001: 50).

3.1.1 Die Mura und andere Ethnien des Madeira-Flusses

Man kann mit einer gewissen Sicherheit behaupten, dass die Pirahã von den Mura-Indigenen abstammen (Gonçalves 2001: 47). Barbosa Rodrigues (1892 b, zitiert in Nimuendajú 1948) teilt die Mura in drei verschiedene Gruppen ein: *Pirahens* (Pirahã), *Burahens* und *Jahaahens* (Yahahi). Nimuendajú (1925) bezeichnet die Pirahã als Mura-Pirahã wegen der Gemeinsamkeiten zwischen den beiden Gruppen. Verschiedene Autoren (Gonçalves 2001, Heinrichs 1964, Nimuendajú 1948 und De Oliveira und Rodrigues 1975) stimmen darin überein, dass die Pirahã-Sprache zur selben Familie wie die Mura-Sprache gehört.

Die ersten Informationen über die Mura stammen aus einem Brief von P. Bartholomeu Rodrigues datiert auf das Jahr 1714. Er stieß auf der rechten Seite des Madeira-Ufers auf sie, die dort zwischen zwei anderen ethnischen Gruppen – den Tora und den Unicoré – lebten (Nimuendajú 1948: 255). Die Mura-Gesellschaft bewohnte zu dieser Zeit die Umgebung des Madeira-Flusses. Sie galten als grausame und erbarmungslose Krieger und wurden von den weißen Brasilianern gefürchtet (De Oliveira und Rodrigues 1975: 72).

Mit dem Verfall der Tupinambá und der Tapajó, zwei Völker, die am Ende des 17. Jahrhunderts die Region des Madeira-Flusses bewohnten, wurde an diesem Ort Platz für die Besiedelung durch neue amazonische Gesellschaften geschaffen, u.a. für die Pirahã (Menendez 1982: 319 zitiert in Gonçalves 2001: 50).

1716 fuhren die Tora den Madeira stromabwärts und griffen eine kleine Bevölkerung von weißen Brasilianern an, was dazu führte, dass man die erste militärische Expedition in diese Region unternahm und dort ein Lager baute. Die Tora verließen daraufhin ihr Territorium und zogen in die Richtung des Maici-Flusses. Auf Grund dessen kamen die Mura in dieses Gebiet (Gonçalves 2001: 50).

Laut Nimuendajú (1925: 140) waren die Mura die amazonische Gesellschaft, die das breiteste Territorium bewohnte, und zwar von Peru bis zum Trombetas-Fluss. Der Autor behauptet zudem, dass die Mura unter hohen Verlusten auf Grund der kriegerischen Auseinandersetzung mit der bewaffneten Truppe von João de Sousa litten (18. Jh., ohne genaues Datum). Danach begannen sie Begegnungen mit den anderen weißen Brasilianern zu vermeiden und sie mit Hinterhalten zu überraschen. Sie wurden dann ständig von den Soldaten attackiert, die zwar die Leben vieler nahmen, aber nicht wirklich dazu beitrugen, Ruhe für die Nachbardörfer zu schaffen.

1784 versöhnten sich die Mura mit ihren Nachbarn im Dorf Santo Antonio do Maripy (Baixo Yapurá). Nimuendajú (1925: 140) führt dies auf die Ausbreitung der Mundurucu-Gesellschaft zurück, deren Individuen zu dieser Zeit in der Region des Madeira-Flusses angekommen waren. Am Anfang des 19. Jahrhunderts müssen die Beziehungen zwischen den Mura und den weißen Brasilianern der Region gut gewesen sein. Laut des Kanonikus André Fernandes de Sousa war die Ethnie hauptsächlich in der Umgebung des Aripuanã-Flusses, im Dorf Severino, auf der Mandi-Insel sowie bei Matupyry, Jatuarana, Capaná, Baetas, Lago do Antonio und Três Casas zu finden (ibid.: 141). Nach seiner Aussage waren die Mura die einzige indigene Gruppe, die von den weißen Brasilianern respektiert wurde. Dieser Respekt habe dazu geführt, dass die Indigenen in der Madeira-Region zu randalieren anfingen, worüber es im Bericht von Tenreiro Aranha aus dem Jahre 1852 mehrere Beschwerden gab (ibid.: ibid.).

Informationen aus der zweiten Hälfte des 19. Jahrhunderts besagen, dass es in der Region des Madeira-Flusses häufig Kriege zwischen Individuen der Mura, Parintinin, Mundurucu, Arara, Tora und Pirahã gab. Ebenso haben Kriege zwischen Indigenen und weißen Brasilianern stattgefunden (Gonçalves 2001: 51). Menendez (zitiert in Gonçalves ibid.: ibid.) behauptet, dass die Wanderung indigener Ethnien innerhalb dieser Region üblich war – trotz der Präsenz der weißen Brasilianer, die erst ab dem 18. Jahrhundert diese Bewegungen prägten. Die oben genannte Auswanderung der Tora ist ein Beispiel davon. Gonçalves (ibid.: ibid.) nutzt dies als ein Indiz dafür, dass die Pirahã ihr Gebiet nie verließen. Dies steht im Kontrast zur Behauptung, dass die Ethnie in die Region um den Marmelos- und Maici-Fluss eingedrungen ist, um vor den weißen Brasilianern zu fliehen (De Oliveira und Rodrigues 1975). Laut Gonçalves (2001: 51) sind die Pirahã nichts mehr als eine Gruppe der Mura, die im Inland lebt und ihr Gebiet nicht verlassen hat.

Die Pirahã verstehen sich selbst als einen Teil der Mura-Gesellschaft, da Sprachen, Gewohnheiten und Lebensstil ähnlich sind. Allerdings glauben sie daran, diversen Gruppen (Torá, Tenharim, Diarrói, Parintintin, Mura u.a.) zu entstammen (Gonçalves 2001: 244).

3.1.2 Nimuendajús Beschreibungen

Der deutsch-brasilianische Anthropologe Curt Nimuendajú, der seinen Nachnamen von den Apopuara-Indigenen bekam, nahm 1921 an einer Expedition des SPI[2] teil, die als Ziel die Befriedung der Parintintin-Gesellschaft hatte. Dabei stieß er auf ein Pirahã-Dorf im Estirão Grande[3] des Marmelo-Flusses und auf ein weiteres am Maici stromabwärts.

---

[2] *Serviço de Proteção ao Índio* (Indigenen Schutzdienst), das 1910 als erstes lediglich an die Indigenen gerichtetes staatliches Amt geöffnet wurde. Der SPI spornte die Demarkierung der Ländereien und der indigenen Reservate an, eine Tätigkeit die die FUNAI (*Fundação Nacional do Índio* – Nationale Stiftung des Indigenen) später übernahm und bis heute ausübt, ebenso die Bevormundung der Indigenen.
[3] "Lange Strecke"

Nach seiner Einschätzung bevölkerten ca. 90 Pirahã die Region. Um diese Individuen zu unterstützen, baute der SPI einen Stützpunkt am Maici-Fluss (Gonçalves 2001: 52). Nimuendajú berichtet:

> „[…] apparently content with their present state, these Indians have shown little inclination to acquire European culture. Except for few implements, they show almost no sign of any permanent contact with civilized people. They showed no interest in the utensils and clothing given them by the Serviço de Protecção aos Índios. Neither did they steal. In fact, no two tribes offer a more striking contrast than the *Pirahá* and their neighbors, the *Parintinin*. The latter were active, clever, greedy for new things, ambitious and thieving." (Nimuendajú 1948: 266).

Der Autor kritisiert das Verhalten der Pirahã und wirft ihnen vor, *„dull"* und teilnahmslos zu sein. Dabei betont er, dass diese Eigenschaften die Feldforschung bei ihnen stark einschränke:

> „Their indifference and aloofness is probably more apparent than real, and seems to stem from their deep resentment at seeing their old enemies, the *Parintintin*, being favored by the governmental authorities, whereas they, who had never been hostile to the Neo-Brazilians, were treated with much less regard." (ibid.: ibid.).

Laut Nimuendajú sicherten die Pirahã zu dieser Zeit ihren Lebensunterhalt aus dem Anbau von Mais, Maniok, Jurumúm, Wassermelonen und Baumwollpflanzen. Bemerkt wurde zudem, dass sie ausgezeichnete Fischer (was unter den Pirahã-Forschern unbestritten ist) und Jäger waren. Dieser letzten Behauptung stimmt Gonçalves (2001) nicht zu. Er sagt, dass sie ohne großen Erfolg jagen.

Des Weiteren liefert Nimuendajú weitere Beschreibungen über die Pirahã-Häuser, die sich von späteren Darstellungen anderer Autoren (De Oliveira und Rodrigues 1975, Gonçalves 2001 und Everett 2005) nicht unterscheiden.

Was aber interessant erscheint, sind seine Aussagen über die Kleidung der Pirahã. Der Anthropologe schreibt, dass die Männer nur einen dekorierten Gürtel trügen, während die Frauen teilweise nackt in den Lagern herumliefen (Nimuendajú 1948: 268). Dies unterscheidet sich von den heutigen Vorlieben der Pirahã, die nun urbane Kleidung tragen, wobei die Frauen nie nackt vor Besuchern erscheinen (Everett 2008). Laut Everett, der 1977 die ethnische Gruppe zum ersten Mal besuchte, tragen

> „[m]anche Männer […] Kappen mit den Parolen und Namen brasilianischer Politiker, bunte Hemden und kurze Sporthosen, die sie von schwimmenden Händlern bekommen hatten [wobei die Frauen] alle gleich gekleidet [sind]: kurze Ärmel, der Kleidersaum knapp über dem Knie" und die Kinder „im Alter bis zu zehn Jahren […] nackt [herumlaufen]" (Everett 2008: 25-26).

Letztendlich berichtet Nimuendajú über den Krieg zwischen den Parintintin und den Pirahã. Laut ihm waren Konflikte zwischen den beiden Gruppen häufig, und man könnte Narben auf der Haut der Individuen beider Gruppen erkennen. Diese Auseinandersetzungen fanden dann statt, wenn die Pirahã auf der Suche nach Schildkröteneiern den Maici stromaufwärts gingen und somit das Parintintin-Gebiet betraten. Im Gegensatz dazu griffen die Parintintin die Pirahã in ihrem Gebiet an, wenn diese im Sommer an den niedrigen Maici zogen. Nimuendajú (1948: 268) erwähnt auch, dass die Pirahã anders als ihre Feinde keine Kannibalen waren und sie auch keine Körperteile ihrer Gegner als Kriegstrophäen abtrennten. Er betont hingegen, dass sie doch ab und zu Gefangene nahmen. Des Weiteren gerieten die Pirahã in der Vergangenheit in blutige Schlachten mit den Matanawi (ibid.: ibid.).

3.1.3 De Oliveira und Rodrigues – FUNAI, 1975

Die FUNAI – *Fundação Nacional do Índio* (Nationale Stiftung des Indigenen) – wurde 1967 mit der Absicht gegründet, die Indigenen Brasiliens zu bevormunden und die Aufgaben des SPI zu übernehmen. Amtlich ist die FUNAI dem brasilianischen Innenministerium untergeordnet und ihr Vorsitzender wird vom Präsidenten Brasiliens ernannt. Die FUNAI genehmigt den Zugang von Organisationen oder Individuen

(Missionaren, Wissenschaftlern, Journalisten, Filmmachern, Künstlern usw.), die die indigenen Gesellschaften besuchen möchten[4].

Im Auftrag der Institution reisten 1973 die Anthropologinnen Adélia Engrácia De Oliveira und Ivelise Rodrigues ins Pirahã-Gebiet, um Daten zu sammeln und die Institution über den Zustand der Gruppe zu informieren. Sie blieben vom Juli bis September jenes Jahres bei ihnen und zählten 107 Individuen, unter denen De Oliveira und Rodrigues 63 Indigene antrafen.

In dem Bericht äußern sie ihre Eindrücke über das gutmütige Verhalten der Pirahã. Sie beschreiben, dass die Indigenen nicht mehr an Versprechungen von den weißen Brasilianern glauben und betonen, sie seien in einem Apathie-Zustand, der bei denjenigen Gruppen üblich sei, die sich mitten in Akkulturationsprozessen befänden. Laut De Oliveira und Rodrigues (1975) sei diese Akkulturation durch den Kontakt mit brasilianischen Händlern bedingt, die ständig Waren mit ihnen tauschten und den Pirahã Produkte (wie z.B. Maniokmehl, Cachaça und Zucker) gaben, für die sie Fische und Fleisch anderer Tiere bekamen. Darüber hinaus nennen die Forscherinnen eine weitere Art von Kontakt: die Rekrutierung von Indigenen, um Arbeit für die weißen Brasilianer zu leisten. Sie merken an, dass es nicht selten war, dass sie nicht ausgezahlt wurden, obwohl die Arbeitgeber ständig Versprechungen machten. Das passive Benehmen der Pirahã trotz dieser Ausbeutungen wurde immer mit Sprüchen hinsichtlich der Versprechungen verstärkt. Sie pflegten in ihrer Sprache zu sagen: „wenn es gibt, gibt es — wenn es nicht gibt, gibt es nicht". Die Pirahã seien dennoch immer froh und offen (De Oliveira et al 1975: 72-74).

Interessanterweise behaupten sie in diesem Bericht, dass die Pirahã sich durch den Kontakt mit Missionaren und brasilianischen Händlern immer mehr für die Welt ihrer Kontakte interessierten. Sie weisen darauf hin, dass die Motorschiffsfahrer und die

---

[4] Laut der Verordnung Nummer 7.778 vom 27. Juli 2012 verpflichtet sich die FUNAI zu den folgenden Aufgaben: die soziale Organisation, Bräuche, Sprachen und Glauben der indigenen Bevölkerung anzuerkennen und zu respektieren; ihr Urrecht auf Land und Nutzungsrecht zu gewährleisten; ihre Lebensräume zu schützen; ihre sozialen, wirtschaftlichen und kulturellen Rechte zu unterstützen; die individuelle oder organisatorische Politikbeteiligung der Indigenen zu ermöglichen; wissenschaftliche und statistische Studien bei den indigenen Gesellschaften zu fördern; gesundheits- und zielorientierte Bildungsmaßnahmen anzubieten und zu betreuen; die nachhaltige Entwicklung der indigenen Länder zu unterstützen; die kollektive Aufmerksamkeit auf die indigene Sache zu lenken und den polizeilichen Schutz indigener Gesellschaften zu garantieren.

Regatões[5], mit ihren attraktiven Gegenständen (wie z.B. Plattenspielern, Spielzeugen und „einer neuen Religion") die Aufmerksamkeit der Indigenen anzogen. Sie berichten von einem Pirahã-Individuum, das in Manaus und Porto Velho war und Neuigkeiten „aus der fremden Welt" mitbrachte. Ein anderer Pirahã redete ständig davon, dass er gern mit Nüssen arbeiten, Städte wie Rio de Janeiro und Manaus besuchen und sogar in ein Flugzeug einsteigen würde. Die Anthropologinnen stellen somit den Wunsch der Pirahã fest, die „zivilisierte" Welt kennenlernen zu wollen (ibid.: 75).

Aussagen von Informanten nach fürchteten die Pirahã zu der Zeit die Suruí-Gesellschaft, die sie einmal fast vernichtet hätte. Sie erinnerten sich auch an damalige Kriege gegen die Parintintin und die Munduruku. Des Weiteren merken De Oliveira und Rodrigues (ibid.: ibid.) an, dass sich die Pirahã kaum auf Portugiesisch ausdrücken konnten.

3.1.4 Weitere Informationen

Roppa (1976 zitiert in Gonçalves 2001) lebte zwei Monate unter den Pirahã und schätzte die gesamte Bevölkerung auf 97 Individuen, die sich auf vier Dörfer verteilten. 1984 wurde die Gesellschaft von einer FUNAI-Gruppe besucht, die die Grenzen ihres Gebiets bestimmte. Laut ihrer Berichten lebten zu dieser Zeit 141 Indigenen in verschiedenen Dörfern entlang des Maici und eines Teils des Marmelos-Flusses (Leivinho 1986 zitiert in Gonçalves: 57). Laut aktueller Daten der FUNAI (2010) umfasst die gesamte Bevölkerung der Pirahã 477 Individuen[6]. Dies zeigt eine Steigerung im Vergleich zu anderen Volkszählungen der letzten Jahre[7].

---

[5] Verkäufer, die seit dem 19. Jahrhundert auf den amazonischen Flüssen in Booten reisen und alle Sorten von Waren tauschen und verkaufen
[6] http://ti.socioambiental.org/pt-br/#!/pt-br/terras-indigenas/3823. (14. Oktober 2011).
[7] Im Jahr 2006 waren es 389 Pirahã. 2000 betrug die Volkszählung 360. Die Daten wurden von der FUNAI und FUNASA (Fundação Nacional da Saúde – Brasilianische Bundesstiftung für Gesundheit) erhoben.

3.2 Aktuelle Kontakte mit weißen Brasilianern

Bis heute betreten Händler aus den Städten Manicoré, Auxiliadora, Humaitá und Porto Velho die Marmelos- und die Maici-Regionen. Ebenso gibt es Mitteilungen über Auseinandersetzungen zwischen den Pirahã und Nuss-Extraktoren. Es ist auch üblich, dass Schiffe während der Regenzeit auf dem Maici fahren.

Arbeiter der Nuss-Extraktion wohnten bis 1985 in Faktoreien entlang des Maici, in der Nähe von den Nussplantagen der Region. Obwohl die Mehrheit der Pirahã damals in der Regenzeit weit entfernt von den Nussbäumen lebten, blieben einige von ihnen in diesem Teil. Vor 1985 teilten also die Indigenen ihren Raum mit den Arbeitern der Nuss-Extraktion, die die Pirahã-Individuen nicht selten mit Arbeiten beauftragten. Dies endete, nachdem die FUNAI und der CIMI[8] sich dagegen eingesetzt hatten. Seitdem besitzen die Pirahã die exklusiven Rechte der Nuss-Extraktion in der Region und tauschen ihre Produkte mit lokalen Händlern gegen Maniokmehl, Munition (die sie zum Jagen benutzen), Kleidung und Werkzeuge, wobei sie den CIMI als Dialogpartner haben (Gonçalves 2001: 57).

Die *Regatões* beuteten die Pirahã mehr als 100 Jahre aus. Auf Grund der dortigen Ressourcen, wie z.B. Copaíba[9], Holz, Nuss und Sorva[10], haben diese Händler noch heute ein großes Interesse an diesem Gebiet. Sie nutzen die Arbeitskraft der Indigenen als Arbeiter und Ortsführer aus und bezahlen sie dafür mit Mehl und Cachaça (ibid.: 58).

Die Pirahã nutzen den Kontakt mit den weißen Brasilianern, um Verbrauchsgüter zu bekommen. Dies führt zu ihrer Ausbeutung durch die Händler (ibid.: ibid.). Trotzdem haben die Indigenen Strategien entwickelt, den Ungerechtigkeiten des Tausches und den Gewaltakten (wie Vergewaltigung der Pirahã-Frauen) etwas entgegenzusetzen, obwohl sie immer freundlich und brav gegenüber den Händlern wirken. Sie berauben beispielsweise die Boote und Häuser, die sie in ihrem Gebiet antreffen. Trotz alledem bewerten sie die weißen Brasilianer nicht als Feinde innerhalb ihres Fremdklassifikationssystems (ibid.: ibid.).

---

[8] *Conselho Indigenista Missionário* (Indianermissionsrat der brasilianischen Bischofskonferenz), seit 1991 in der Region.
[9] Copaíba-Öl
[10] Gummiartige Pflanze

3.2.1 Wirtschaftsbeziehungen

Während sich die Nachbargesellschaften Parintintin, Torá und Tenharim wegen das benutzten Währungssystems mit den *Regatões* verschuldet und dadurch eine ökonomische Abhängigkeit zu diesen Händlern entwickelt haben, scheint es so etwas bei den Pirahã nicht zu geben. Gonçalves (2001: 58) argumentiert, dass das Desinteresse an Gütern aus fremden Kulturen die Indigenen hemmt, ihre Produktion zu steigern. Anderseits können die *Regatões* sie problemlos täuschen, da sie sowohl den Vorgang des miteinander Handelns nicht verstehen also auch keine Kenntnisse über den Wert ihrer Produkte besitzen – und diese nicht zu schätzen lernen wollen.

Die Verkehrssprache wurde von den Akteuren des Handelns selbst kreiert und ist ein Hybrid aus Elementen des Portugiesischen, der Língua Geral[11] und der Pirahã. Nach Gonçalves umfasst diese Sprache nur die Typen und Quantitäten der Tauschprodukte.

3.3 Umweltbedingungen der Pirahã

Die Pirahã bewohnen einen Teil des Gebiets, das an den Marmelos und Maici, Nebenflüssen des Madeira, grenzt. Gonçalves (2001: 41) beschreibt den Marmelos als einen breiten Fluss mit dunklem Wasser, dessen Ufervegetation ausgewachsen ist und mächtige Bäume aufweist, wie es typisch für den Regenwald ist. Der Maici ist hingegen schmal mit grünem und kaltem Wasser, und man findet Nussbäume entlang des Ufers. Die am nächsten liegenden Orte sind Pau Queimado und Santa Luzia am Marmelos-Fluss, die zur Gemeinde Humaitá des Amazonas-Bundesstaat gehören. Dieses Gebiet zeichnet sich durch eine riesige Vielfalt von Flora und Fauna aus.

Das Pirahã-Territorium beginnt ab dem Gebiet am Estirão Grande (wo Nimuendajú die Ethnie zum ersten Mal gesehen hat) und reicht bis zur Transamazônica-Autobahn, etwa 90 Kilometer von Humaitá entfernt. Gonçalves beschreibt die Region wie folgt:

---

[11] Nheengatu

> "Journeying upriver on the Marmelos, a long straight tract can be seen, called 'Large Stretch:' this marks the start of Pirahã territory. Proceeding further in the same direction, close to the mouth of the Maici river, one of the main beaches on the Marmelos can be found, a strategic settlement site, since it provides access for exploration of both rivers. Crossing the mouth of the Maici, still on the Marmelos, numerous beaches, lakes, and creeks are passed, as well as the Juqui and Sepoti rivers. The latter marks the limits of Pirahã territory, since their topographic and toponymic references run out on its borders.
>
> The Maici river is narrow and deep. Hundreds of Brazil-nut trees can be seen while travelling along its length. Occupation on this river extends from its mouth to the areas bordering its source: the bridge crossing it on the Transamazonian highway, 90 kilometers from the town of Humaitá, marks the limit of Pirahã territory. The Maici flows through an upland area, providing strategic points for exploiting its 17 Brazil-nut tree stands. Small beaches form during the summer which serve as temporary dwelling sites." (Gonçalves 2000: http://pib.socioambiental.org/en/povo/piraha/804. 11. Oktober 2012).

Das im Jahr 1994 von der FUNAI gesetzlich markierte Pirahã-Gebiet reicht von dessen nördlichen Grenze am Marmelos-Fluss, zwischen dem Folharal- und dem Água Azul-Bach, bis südlich an die Brücke, die über den Maici auf die Transamazônica-Autobahn führt. Das Territorium erstreckt sich im Westen und im Osten bis zu acht Kilometern auf die rechten und linken Margen des Maici-Flusses landeinwärts. Insgesamt umfasst der Raum einen Radius von 410 Kilometern oder 400 Hektaren (Gonçalves 2000).

Das regionale Wetter besteht aus zwei Jahreszeiten: der Regenzeit und der Trockenzeit. Dies führt zu wichtigen Änderungen in der Okkupation der Region. Während der Trockenzeit tauchen Strände an beiden Flüssen auf, welche die Pirahã temporär besiedeln. Wenn die Regenzeit beginnt, führen der Madeira und der Marmelos Hochwasser. Dies zwingt die Pirahã höher in den Wald zu ziehen.

Gonçalves beobachtet, dass das Verständnis von Raum und Zeit der Pirahã durch die Abwechslung von Trocken- und Regenzeiten geprägt ist:

> "The Pirahã conceive time as an alternation between two well-defined seasons, marked by the quantity of water each one possesses: piaiisi (dry season) and piaisai (rainy season). These temporal demarcations combine with forms of socio-spatial organization. This presents us, therefore, with a series of oppositions conceived on the basis of relations between space and time:
> […]

[Dry season/Rainy season; beach/tupland; family house/collective house; concentration/dispersion; abundance/scarcity; ritual life/daily life]

[...]

Organization of social life on the basis of the two seasons is projected onto space, thereby creating a beach space-time versus an upland space-time." (Gonçalves 2000: http://pib.socioambiental.org/en/povo/piraha/807. 12. Oktober 2012).

3.3.1 Trockenzeit (Sommer): das Leben am Strand

Die Trockenzeit beginnt ab Mitte April in der Madeira-Region und endet Anfang November. Wenn die Pirahã bemerken, dass das Volumen der Flüsse abnimmt und die ersten Strände auftauchen, fangen sie an dorthin zu ziehen. Je mehr dieses Gebiet an Fläche gewinnt, desto mehr Familien kommen dort an und lassen sich nieder. Dies bedeutet nicht, dass sie in konventionellen Häusern wohnen: der Strandsand ist für die Indigenen sauber, und sie haben kein Problem während der Trockenzeit sich direkt darauf hinzulegen oder ohne ein gebautes Dach zu schlafen. Zudem bauen sie kleine Häuser oder legen eine Holzmatte auf den Boden. Weil das Wetter in dieser Jahreszeit ziemlich konstant ist, ist der Bau stärkerer Behausungen nicht notwendig (Gonçalves 2001: 84-85).

Die Pirahã sehen den Sommer als die beste Zeit des Jahres an. Dies ist so, weil es auf Grund des häufigeren Erfolges beim Fischfang viel zu essen gibt. Auch die soziale Organisation ändert sich: Die Familien wohnen nun alle nah beieinander, anders als in der Regenzeit, während dieser sie verstreut leben. Dies führt dazu, dass die Pirahã in der Trockenzeit das gesellige Leben stärker genießen und mehr Zeit mit Unterhaltung, Spiel und Festen verbringen (ibid.: 89). Der Schamanismus wird ebenfalls im Sommer ausgeübt (ibid.: 144). Zudem werden die Strände in dieser Jahreszeit von sieben bis elf familiären Behausungen mit erkennbaren Grenzen bewohnt.

Der Fischfang ist im Sommer immer sehr erfolgreich und macht den größten Teil der Nahrung aus. Man fischt normalerweise mit Pfeil und Bogen, obwohl auch Angeln teilweise verwendet werden. Die gefangenen Fische sind u.a. Piranha, Tucunaré, Traíra, Jaraqui und Jacundá. Die Pirahã fischen mithilfe ihrer Kanus mitten auf den Flüssen oder zu Fuß an den Ufern. Dies tun sie allein, mit Freunden, der Familie oder sogar unter Beteiligung von allen Individuen des Dorfes (ibid.: 93-106).

Neben dem Fischfang jagen die Pirahã kleine Tiere wie Paka, Tapire und Pekaris. Die Tiere werden üblicherweise von Frauen gejagt. Teilweise kehren sie von Jagden ohne Beute zurück. Gegenüber dem Fischfang ist das Jagen weniger beliebt. Gonçalves (ibid.: 106) vertritt die Meinung, dass es ein Desinteresse daran gibt, weil der Fischfang erträglicher ist.

Die Pirahã sind ausgezeichnete Fischer und sammeln auch Früchte und Eier zur Nahrung und Material zur Konfektion dekorativer Gegenstände (Ketten, Ringe, Hüte, u.a.). Urucum[12] nutzen sie um die Haut zu schminken. Darüber hinaus produzieren sie während der Trockenzeit Bögen, Pfeile, Kanus, Flöten und Kinderspielzeuge (ibid.: 112).

3.3.2 Regenzeit (Winter): das Leben im Wald

Die Regenzeit beginnt Ende Oktober und endet im März. In diesere Hälfte des Jahres lassen sich die Familien weit voneinander entfernt nieder. Die Pirahã ziehen in die höhergelegenen Regionen, wo sie die Nussplantagen nutzen können. Die FUNAI gewährleistet den Pirahã diese Tätigkeit seit 1985, indem sie die Indigenen vor fremden Nuss-Extraktoren schützt.

Jedes Pirahã-Individuum zieht in die Nähe einer familiären Nussplantage. Die Familien leben somit in der Umgebung der Nussplantage bis zum Ende der Regenzeit. Drei Mal in der Woche gehen die Pirahã (Männer, Frauen und Kinder) auf die Plantagen und sammeln Nüsse, die sie später mit den *Regatões* tauschen. Darüber hinaus fischen die Männer, während die Frauen Wurzeln und Früchte sammeln und Tiere jagen. Im Vergleich zum Sommer haben die Pirahã in der Regenzeit einen Mangel an Nahrung (Gonçalves 2001: 123).

Die Häuser, die im Winter gebaut werden, sind größer, da sie dem starken Regen widerstehen müssen. Mehrere Familien können diese Behausungen gleichzeitig bewohnen. Es ist nicht selten, dass sie die Häuser vom vorangegangenen Jahr nutzen. Im Durchschnitt teilen sich drei Familien ein Pirahã-Winterhaus (Gonçalves 2001: 126).

---

[12] Annattostrauch, tropische Pflanze, deren Samen eine rote Tinte produzieren.

Des Weiteren betont Gonçalves (ibid.: 128), dass das Haus — und nicht die einzelnen Familien — während der Regenzeit die Produktions- und Verbrauchseinheit der Pirahã darstellt. Die Mahlzeiten werden kollektiv vorbereitet und verzehrt. Das Feuer gehört ebenfalls zum Haus. Dadurch können alle, die dort wohnen, es benutzen.

In der Regenzeit nutzen die Pirahã das ganze Potenzial der Igapós[13] aus, wo sie jagen, fischen und Früchte sammeln. Auf Grund der entsprechenden Landschaft, die ebenso aus Flüssen als auch aus Wäldern besteht, können sie gleichzeitig sowohl jagen als auch fischen. Dies geschieht, wenn sie beispielsweise Affen und Vögel mit Pfeil und Bogen jagen, während sie in den Kanus auf Fische warten. Die Mehrheit der Haustiere wird ebenfalls in der Regenzeit gefangen (ibid: 130-131).

Laut Gonçalves (2001: 368-369) domestizieren die Pirahã nahezu all die gefangenen Jungtiere der beim Jagen getöteten Tiere. Unter den Haustieren findet man am häufigsten Vögel (Papageien, Tukanen), Hunde, Nasenbären, Agutis, Wasserschweine, Schildkröten und Affen. Die Indigenen verbringen viel Zeit mit der Pflege dieser Tiere, währenddessen sie mit ihnen spielen und mit Urucum und Halsketten schmücken. Zudem bekommen sie großzügige Mengen an Nahrung. Die Pirahã glauben daran, dass ihre Haustiere Seelen besitzen, die während der Rituale erscheinen können. Wenn sie sterben, begräbt man sie wie ein menschliches Pirahã-Individuum (ibid.: ibid.).

3.4 Verwandtschaftssysteme und soziale Organisation

In einem seiner Artikel über das Pirahã-Verwandtschaftssystem behauptet Gonçalves (1995: 208), dass die Pirahã kaum Verwandtschaftsbezeichnungen anwenden. Sie nutzen stattdessen die persönlichen Namen, auch wenn es um Väter und Mütter geht. Die Verwandtschaftsbezeichnungen existieren zwar, markieren aber nicht die zwischenmenschlichen Beziehungen der Pirahã.

Trotzdem erfüllen diese Begriffe eine Funktion und haben eine Bedeutung für die Pirahã-Gesellschaft. Gonçalves deutet auch an, dass sich die Verwandtschafts-bezeichnungen und ihre Bedeutungen auf die am tiefsten liegende Ebene ihrer sozialen

---

[13] Überschwemmte Teile des Waldes, typisch für Amazonien, in denen eine besondere Vegetation auswächst.

Struktur beziehen. Dazu stellt er die Frage: Was wird ausgesagt, wenn man über Verwandtschaftsbezeichnungen schweigt? (Gonçalves 2001: 130-131).

3.4.1 Räumliche Konsequenzen der Verwandtschaftsbeziehungen

Die Pirahã organisieren sich in kleinen Kernbehausungen, deren Anzahl[14] sich mit der Jahreszeit ändert, wie oben erwähnt. Diese Kernbehausungen formieren sich nach der Blutsverwandtschaft und teilen sich in zwei Hälften auf: eine am Hohen Maici und die andere am Niedrigen Maici[15]. Diese Hälften sind quasi unabhängig, da sie eine gewisse Entfernung voneinander aufweisen. Ihre jeweiligen Bewohner treffen daher nur selten aufeinander. Die sozialen Beziehungen, z.B. Eheschließungen, Tauschhandel oder der größte Teil festlicher und religiöser Rituale finden innerhalb dieser Segmente statt. Infolgedessen ist die Organisation jeder Hälfte genauso wie die räumliche Anordnung der Pirahã durch die Verwandtschaft bedingt (Gonçalves 1995: 56).

3.4.2 Die Bildung der Hälften

Die Hälften werden nach drei Faktoren gebildet: dem erblichen Anspruch auf ein Territorium, der Unterscheidung zwischen nahen und entfernten Verwandten und den Eheschließungen (1995: 56).

a) der erbliche Anspruch auf ein Territorium

Die Orte, die die Pirahã als ihre eigenen Gebiete wahrnehmen, d.h. die Gebiete, in denen sie ihren Lebensunterhalt (Seen, Igapós, Plantage usw.) sichern, sind agnatisch geerbt, d.h., vom Vater (*baie*) auf den Sohn (*hoage*) übertragen. Der älteste Sohn bekommt die Kontrolle[16] über all die Gebiete, die seinem Vater gehört haben, und verteilt diese an seine Brüder. Dies führt dazu, dass die Brüder in der geographischer Nähe zueinander leben. Somit sieht man seine Nachbarn als nahe Verwandte an, was logisch ist, da sie denselben Vater oder dieselben Eltern haben. Dies schafft einen

---

[14] Im Durchschnitt sind es fünf Kernbehausungen während der Trockenzeit und zwischen 10 und 13 während der Regenzeit (Gonçalves 1997: 57).
[15] "Alto Maici" und "Baixo Maici"
[16] Kontrolle bedeutet hier Nutzungsrecht.

Unterschied zu anderen Pirahã, die nicht im selben Gebiet oder weiter weg wohnen (ibid.: 58).

b) Unterscheidung zwischen nahen (*ahaige*) und entfernten Verwandten (*mage*)

Die Pirahã unterscheiden ihre Individuen nach einem Klassifikationssystem, das sich an den Verwandtschafts- und den Affinitätsbeziehungen orientiert. Es gibt also zwei Begriffe, die sie verwenden: *mage*, was sich auf die entfernten Verwandten bezieht; und *ahaige*, was als nahe Verwandte verstanden wird. Diese Begriffe offenbaren das Verhältnis zwischen Ego und seinem Alter. Nach diesem System können die Pirahã die soziale sowie die geographische Entfernung messen. So sind die *ahaige*-Verwandten auch diejenigen, die in der Nähe von Ego wohnen (ibid.: 58-59).

Diese Klassifikationen markieren auch das Reziprozitätsverhalten zwischen den Pirahã. Die Individuen, die ein *mage*-Verhältnis teilen, teilen ebenfalls die Kategorie der Reziprozität, die man *ihai* nennt. Laut Gonçalves (ibid.: ibid.) bedeutet dieses Pirahã-Wort „Tausch" und impliziert dadurch eine Gegengabe, welche die Beziehung aufrechterhält. Demgegenüber stellt das Wort *koaga* die Reziprozität einer *ahaige*-Beziehung dar. Dieser Begriff bedeutet „Geben" und beinhaltet in sich keine Erwartung auf eine Gegengabe. Des Weiteren kann man die territorialen Konflikte innerhalb des Pirahã-Gebiets auf die *ahaige-mage*-Unterscheidung zurückführen. Gonçalves (ibid.: 60) argumentiert, dass dieses System eine Rolle erfüllt, seine Anwendung konstruiert einen Prozess von Alterität in der Pirahã-Gesellschaft und hält diese konstant.

c) Heiratsregeln/-präferenzen

Die Pirahã bezeichnen ihre potenziellen Ehepartner als *ibaisi*. Innerhalb der *ahaige* ist diese Klassifikation den Kreuzcousinen (MBD[17] und FZD[18] für die Männer/MBS[19] und FZS[20] für die Frauen) zugeschrieben. Des Weiteren werden auch diejenigen als *ibaisi* bezeichnet, die von Ego als *mage* verstanden und mit einem von den *ahaige* verheiratet werden. Das heißt, aus der Perspektive von Ego, wenn sich eine *mage*-Frau mit einem

---

[17] *Mother's brother's daughter*
[18] *Father's sister's daughter*
[19] *Mother's brother's son*
[20] *Father's sister's son*

männlichen *ahaige* verheiratet, beginnt sie automatisch zur *ibaisi*-Kategorie zu gehören. Auf diese Weise kann die Klassifikation als „potenzielles Ehepaar" erworben werden und ist infolgedessen nicht nur angeboren (Gonçalves 1995: 71-75).

Ein Pirahã-Mann kann seine Ehefrau entweder „kaufen" oder „rauben". Dies sind die einzigen Formen, die Männer haben, um eine Ehefrau zu bekommen. „Kaufen" darf man nur ledige oder getrennte Frauen, d.h., eine Frau die bei dem Ehemann ihrer Mutter wohnt. In diesem Fall muss man dem Ehemann der Mutter seiner Frau Geschenke anbieten: entweder Gegenstände, die sie von den weißen Brasilianern bekommen haben (z.B. Töpfe, Kleidung, Flinten usw.) oder natürliche Objekte aus dem Wald (z.B. Cobaíba-Öl, Nusskisten usw.) (Gonçalves 2001: 66-68).

Man kann eine Frau auf zwei unterschiedliche Arten „rauben": ohne Erwartung (was negativ bewertet wird) oder auf Festen, wo Individuen aus verschiedenen Pirahã-Dörfern anwesend sind und das „Rauben" erwartet wird. Dafür müssen die Frauen einwilligen und mit dem Mann eine Flucht planen. Die beiden müssen sich einige Tage vor den anderen Pirahã verstecken, und falls dies erfolgreich geschieht, können sie wieder ins Dorf zurückkehren und weiter ein normales Leben führen. Beim „Rauben" einer Frau gibt der neue Ehemann weder an den Ehemann der Mutter der Frau noch an den ehemaligen und „beraubten" Ehemann eine Gegenleistung (ibid.: 70).

Gonçalves (ibid.: 68) behauptet zudem, dass die Heirat bei den Pirahã extrem instabil ist. Deswegen teilen sie ihre Kinder auf die folgende Weise: Die Töchter bleiben bei der Mutter, die Söhne bei dem Vater. Wenn z.B. eine getrennte Frau mit Töchtern einen Mann mit Söhnen heiratet und die beiden mit ihren Kindern zusammenziehen, bezeichnen sich diese gegenseitig als *ibaisi*. Die neue Ehefrau des Vaters wird auch von Ego als *ibaisi* wahrgenommen. Dasselbe gilt für den neuen Mann der Mutter eines weiblichen Egos.

Aber, da der Ehemann der Mutter derjenige ist, der die Tochter vergibt, verleiht dieser Aspekt dem Klassifikationssystem der *ibaisi* eine asymmetrische Eigenschaft. Die Mutter der Ehefrau wird somit als *ahaise* betrachtet, d.h., dass ein Mann die Mutter seiner Frau nicht heiraten darf — eine Art „Respekt" vor dem Geber seiner Ehefrau. Das Gegenteil gilt aber nicht für die Frau in Bezug auf den Vater ihres Mannes, da er aus ihrer Perspektive kein Geber ist. Das legt die Unterscheidung zwischen Gebern und Nehmern fest.

Obwohl ein Pirahã-Mann die Töchter seiner Frau als *ibaisi* betrachtet, zieht er es vor, sie an einen anderen Mann zu vergeben: so kann er eine neue Allianz bilden. Infolgedessen wird er für den Ehemann seiner „Tochter" ein *baie*, was heißt, dass der Mann seiner Tochter zum *hoage* wird. Oder, mit anderen Worten, dass er das Territorium des Vaters seiner Frau erben wird (Gonçalves 2001: 68-70).

Des Weiteren wird die Patrilokalität von den Pirahã bevorzugt. Aber der Ehemann kann ebenfalls matrilokal wohnen, falls er innerhalb einer Kernbehausung heiratet, da er während der Trockenzeit ohnehin in der Nähe seiner Eltern leben wird (ibid.: 65).

3.4.3 Weitere Anmerkungen zum Aufbau der Verwandtschaftsbeziehungen

Das Ehepaar (*Kage*[21]) ist die Einheit, auf der das soziale Leben aufgebaut wird (ibid.: ibid.). Dies wird beobachtet, wenn ein Ehepaar allein auf Fahrten zum Jagen oder Fischen geht und mehrere Wochen außerhalb des Dorfes weilt. Dies zeigt, dass das Paar fast selbständig lebt und im diesen Sinne das soziale Grundelement der Pirahã-Gesellschaft darstellt (ibid.: 57).

Des Weiteren basiert die Verwandtschaftsterminologie der Pirahã auf vier Hauptbegriffen: *hoage*[22], *baie*[23], *ahaige* und *ibaisi*. Diese Hauptbegriffe können kombiniert werden und somit eine bestimmte Beziehung genauer beschreiben. *Epoihi* bedeutet feminin, *egehi* maskulin. *Piiipoihi* heißt, dass Alter jünger als Ego ist; *hitohoihi*, dass es älter ist. Diese Elemente kann man zudem mit dem possessiven Pronomen der ersten Person (*ti*) und mit dem Verb „haben" (*aga*) kombinieren, was darauf hinweist, dass der genannte Verwandte noch am Leben ist. Auf diese Weise klassifizieren die Pirahã ihre Verwandtschaft zu anderen, was man zusammenfassend wie folgt darstellen kann: [Grundbegriff] + [Geschlecht] + [Pronomen und Verb] + [Alter] (ibid.: 62-64).

---

[21] Diese Bezeichnung bezieht sich auf eine Beziehung zwischen einem Mann und einer Frau, was nicht unbedingt Kinder oder ein sexuelles Verhältnis einschließt.
[22] Lineare Verwandte (G -1 und G -2): Kinder und Enkel
[23] Hauptsächlich linear: G +1: Eltern. G +2: Großeltern, aber auch die Geschwister der Großeltern, was eine Besonderheit darstellt, da es innerhalb dieser Generation auch die parallele Verwandtschaft von Ego betrifft.

Letztendlich nehmen all diese Beziehungen und Bezeichnungen einen Einfluss auf die Teilung der Nahrung bei den Pirahã:

> "A man maintains direct relations with his mother, father's wife, sister, female parallel cousin, female cross cousin, mother-in-law, sister-in-law, wife, daughter and wife's daughter. Taking into account that men are responsible for fishing and swiddens, the principle productive activities in Pirahã society, they have to be the main providers of food. A man's relations with his mother, sister and parallel and cross cousins are ahaige in kind, meaning that the man 'must fish' for these women. If he is married, this practice also applies to his wife, his daughters and his wife's daughters. His mother-in-law and sister-in-law have access to the his catches of fish via his wife. A man would never claim that he fishes for his father-in-law or brother-in-law, though these will have access to his fishing catch via the women"

(Gonçalves 2000: http://pib.socioambiental.org/en/povo/piraha/807. 27. Oktober 2012).

3.5 Die Pirahã-Kosmologie

3.5.1 Definition und Verwendung des Konzepts "Kosmologie"

„Kosmologie" erschien erstmals in den 1960ern als methodischer Begriff und stellte ein Versuch dar, die amazonischen Gesellschaften nach einem neuen Modell zu analysieren. Bis zu dieser Zeit untersuchte man diese ethnischen Gruppen mit Theorien, deren Grundlagen von wissenschaftlichen Arbeiten stammten, die außerhalb des Amazonasgebiets durchgeführt worden waren. Angesichts des Bedürfnisses, die Ethnien dieser Region mittels spezifischer Ansätze durchzublicken, begannen die Wissenschaftler das Konzept „Kosmologie" öfter zu verwenden (Gonçalves 2001: 23-24).

Der Anthropologe Viveiros de Castro (1986: 252-253 zitiert in Gonçalves ibid.: ibid.) beschreibt „Kosmologie" als ein Produkt von Verhandlungen zwischen Individuen, die versuchen, ihrer Welt einen kollektive Sinn zu verleihen. Dieser entsteht aus individuellen Erfahrungen, die in dieses Interpretationsspiel gebracht werden. Infolgedessen macht Gonçalves (ibid.: ibid.) deutlich, dass eine Kosmologie, die unberührt existiert, d.h. aus unveränderbaren Prämissen besteht, nicht seiner kosmologischen Beschreibung der Pirahã entspricht. Im Fall der hier analysierten ethnischen Gruppe wird die Interpretation der Welt bzw. die Kosmologie von den Erfahrungen ihrer Akteure konstruiert und geprägt.

3.5.2 Der Kosmos und die kosmischen Wesen

Der Kosmos der Pirahã besteht aus vielen Ebenen, die unterschiedliche parallele Welten darstellen. Jede dieser Welten ist morphologisch identisch: Wasser, Erde, Bäume sowie Tiere sind fester Bestandteil jeder Ebene. Die Komponenten unterscheiden sich also je Welt nach Form, Größe und Anzahl. Die Pirahã selbst können nicht genau sagen, wie viele Welten es gibt. Dennoch kann jedes Pirahã-Individuum fünf Welten detailliert beschreiben (zwei über der mittleren, wo sie leben, und zwei darunter).

Jede Welt wird von bestimmten Wesen bewohnt. Die *ibiisi* sind diejenigen, die auf der mittleren Welt wohnen. Auf der ersten und zweiten oberen und der zweiten unteren Welt sind sowohl *ibiisi* als auch *abaisi* zu finden. Die erste untere Welt wird hingegen von *abaisi*, *ibiisi*, *kaoaiboge* und *toipe* bewohnt (Gonçalves 2000: http://pib.socioambiental.org/pt/povo/piraha/808. 27. Oktober 2012). Die Interaktion dieser Wesen belebt den Kosmos und prägt die Weltsicht der Pirahã.

a) Die *ibiisi*

Die *ibiisi* sind grob gesagt die Menschen: die Pirahã (*Hiaitsíihi*), Angehörige anderer indigenen Gesellschaften und die weißen Brasilianer. Normalerweise können die *ibiisi* die anderen parallelen Welten nicht besuchen (Ausnahmen davon sind die Schamanen). Die Pirahã, die auf der mittleren Welt leben, haben keinen Kontakt zu den *ibiisi*, die auf anderen kosmischen Ebenen leben (Gonçalves 1993: 38-39). In einem weiten Verständnis repräsentieren die *ibiisi* die Körper der Pirahã (ibid. 2001).

b) Die *abaisi*

Wenn sich ein *ibiisi* bei einem Unfall verletzt und infolgedessen unter einer körperlichen Deformation leidet, wird ein *Abaisi*-Wesen ins Leben gerufen. Das *abaisi* behält als Merkmal diesen körperlichen Unterschied und wird dadurch gekennzeichnet – z.B. wenn eine Fledermaus einem Individuum in den Fuß beißt und dieses aus diesem

Grund deformiert wird, entsteht daraus ein *abaisi* mit derselben Behinderung (Gonçalves 2001: 186). Das neue *abaisi* vermehrt sich und bildet eine Klasse mit vielen Individuen, die zwar weiblich und männlich sind, aber das gleiche Aussehen und den gleichen Namen haben. Gonçalves sammelte 345 *abaisi*-Namen unter den Pirahã, obwohl die Liste nicht abgeschlossen ist: einige können auftreten und andere aufhören zu existieren (ibid.: 178).

Die *abaisi* sind auf allen kosmischen Ebenen zu finden. Sie besuchen die *ibiisi* in Ritualen, wenn der Schamane sie verkörpert. Außerdem behaupten die Pirahã *abaisi* im Alltag zu sehen. Die Indigenen glauben darüber hinaus, dass die *abaisi* mit den *ibiisi* den Körper tauschen und dadurch eine bestimmte Zeit unter den Pirahã leben können. Man merkt, dass ein *abaisi* einen Pirahã verkörpert, wenn sich das Verhalten dieses Individuums ändert: sie sprechen wenig (die *abaisi* beherrschen die Pirahã-Sprache nur fehlerhaft) und treiben keinen Sex mit den jeweiligen Frauen (*abaisi* können keinen Geschlechtsverkehr haben). Anderseits reist in diesem Fall das *ibiisi* durch die entsprechende Ebene seines *abaisi* und erfährt auf diese Weise über einen bestimmten Teil des Kosmos. Gonçalves (2001: 193-194) weist zudem auf die Tatsache hin, dass wenigstens fünf *abaisi* im Dorf als Pirahã „lebten", während der Autor dort war.

Wenn ein Pirahã-Kind geboren wird, muss es einen *abaisi*-Namen bekommen, um mehr als nur einen *ibiisi*-Körper zu haben. Somit kann man sagen, dass das Konzept *abaisi* sich der Idee von Seele bzw. immaterieller Essenz annähert (ibid.: 198). Jedoch ist es bei den Pirahã so, dass die *abaisi* den *ibiisi*-Körper anstreben und daher den Tod von diesem planen. Wenn ein Pirahã stirbt, sagt man, dass der Wille eines *abaisi* dies verursacht hat. In dieser Hinsicht stellen die *abaisi* in der Pirahã-Kosmologie die Zerstörung dar. Auf der anderen Seite glauben die Pirahã, dass die *abaisi* die Tiere, die Pflanzen und die Menschen ständig kreieren – sie stellen daher genauso das Konzept von Schaffung dar.

Unter den *abaisi* ist das *Igagai*, das wichtigste Wesen für die Pirahã. Es lebt auf den beiden zwei oberen Welten. Es gibt zwei Arten von *Igagai*: ein neues und ein altes. Das alte *Igagai* schuf den Kosmos, der heute existiert. Es machte ihn neu, nachdem die Menschen den Mond zerstört und die Welt verwüstet hatten. Laut ihres Glaubes griffen die Pirahã aus Neugier den Mond, der eines Nachts als riesig erschien, mit einem Pfeil an. Der Mond starb, und die Menschen befanden sich plötzlich in der Finsternis: Die Sonne ging nicht mehr auf. Infolgedessen starben die Tiere aus und Individuen von anderen ethnischen Gruppen kamen ins Pirahã-Territorium. Es kam somit zu einem Krieg zwischen allen dort lebenden Gesellschaften. Am Ende starben alle Männer und es blieben nur drei Pirahã-Frauen übrig, die wegen des Mangels an Nahrung und den Möglichkeiten, Feuer zu machen, zu weinen anfingen. Dies weckte die Aufmerksamkeit von *Igagai*, dem dies Leid tat. Um ihnen zu helfen, schuf *Igagai* die Welt neu: neue Tiere und neue Männer (ibid.: 135-137).

Laut der Pirahã ist das zweite *Igagai* der Sohn des Ersten und dasjenige, das heute aktiv ist. Das alte *Igagai* hat viel geleistet und darf sich daher ausruhen. Dafür muss das „neue" *Igagai* jeden Tag die Sonne, den Mond und die Tiere von neuem produzieren (ibid.: ibid.).

Somit sind den *abaisi* ebenfalls die Konzepte von Störung und Schaffung zugeschrieben. Wie Gonçalves (2001: 193) in seiner Argumentation zeigt, scheint die Beziehung zwischen *ibiisi* und *abaisi* ein Produkt ihrer Interaktion zu sein: die *ibiisi* schaffen die *abaisi*, die die *ibiisi* stören wollen. Aber die *ibiisi* wurden genauso von Igagai, einem *abaisi*, geschaffen. Das ständige Verhältnis zwischen diesen Wesen setzt die Pirahã-Welt in Bewegung und beschränkt sich nicht auf ein Repräsentationsniveau, sondern vollzieht sich im alltäglichen Leben.

Die *ibiisi* und die *abaisi* leben zusammen und gehen miteinander um. Das heißt, dass die Lebenswelt der Pirahã-Individuen nicht anders ist als die Lebenswelt der *abaisi*-Wesen. Ihre Interaktion wird ständig aktualisiert, was den Kosmos beeinflusst und rekonstruiert. Die Beziehung zwischen *ibiisi* und *abaisi* wirkt angesichts dessen auf das Denken und Verhalten der Pirahã (ibid.: 195).

Wenn man etwas in Träumen erlebt, sagen die Pirahã, dass sie es als *abaisi* erfahren haben. Das bedeutet, dass ein träumendes Individuum auch ein *abaisi* ist. Auf diese Weise stellt das *abaisi* für einen Pirahã die Möglichkeit dar, andere Formen von Raum und Zeit zu erleben, indem sie andere kosmische Ebenen besuchen. Diese individuellen Erfahrungen werden später dazu beitragen, eine kollektive Interpretation der Pirahã-Welt aufzubauen (ibid.: 197).

So wie es menschliche *abaisi* gibt, existieren ebenfalls *abaisi* von Tieren und Pflanzen. Wenn ein Pirahã beispielsweise ein Tier tötet oder einen Baum abholzt, werden entsprechende *abaisi* kreiert, die sich am Täter für ihr Unglück rächen wollen, so der Pirahã-Glaube (ibid.: 200).

c) Die *kaoaiboge* und die *toipe*

Die *kaoaiboge* und *toipe* sind die Wesen, die auf der ersten unteren Welt leben. Sie ähneln den *ibiisi* physisch und üben Tätigkeiten wie Fischen und Jagen aus. Sie sind Transformationen der gestorbenen *ibiisi* der mittleren Welt, aber entstehen auch, wenn sich die Pirahã in einem ohnmächtigen Zustand befinden – bzw. in einem traumlosen Schlaf oder schwer krank sind. Ein *toipe* braucht immer ein *kaoaiboge*, um existieren zu können. Beide sind in einem Lebenden *ibiisi* latent und jeder Pirahã kann mehr als ein Paar von diesen Wesen befreien. Gonçalves beschreibt sie als Geister, die die menschliche Gestalt haben und unterscheidet sie also von den *abaisi* (immateriellen Essenzen) (ibid.: 202-225).

Die *toipe* und die *kaoaiboge* sind Feinde, die immer im Krieg gegeneinander sind. Die *kaoaiboge* sind freundliche Geiste, die singen, tanzen und sich um seinen Lebensunterhalt kümmern. Die *toipe* hingegen sind Krieger und Kannibalen, die den Kosmos auf der Suche nach den *kaoaiboge* durchwandern, um sie zu töten und zu verzehren. Ein *toipe* ist nicht unsterblich. Wenn es stirbt, verwandelt es sich in ein anderes Wesen (*kobiai*), das laut Gonçalves (2001: 205) wie ein extrem aggressiver *toipe* handelt. Nach dem Tod wird das *kobiai* zum *kaoaiboge*. Das *kaoaiboge* seinerseits kann dreimal sterben, bis es sich letztendlich in einen Jaguar verwandelt.

Gonçalves (ibid.: ibid.) berichtet zudem, dass die Pirahã glauben, dass die *kaoaiboge* durch das Weinen eines Pirahã in die Welt geschickt werden. Laut ihres Glaubes ist dies schädlich für ein lebendes Individuum, was die Ausgestaltung der Beerdigungen innerhalb der Pirahã-Gesellschaft beeinflusst: die gestorbenen Pirahã werden normalerweise in Dörfern entfernter Verwandten *(maige)* begraben. Dies verhindert, dass die Pirahã an der Beerdigung eines Individuums, mit dem sie emotional verbunden sind, teilnehmen, wo sie mehr weinen würden.

Der Autor betont, dass die Wesen des Pirahã-Kosmos die Interaktion zwischen Lebenden und Gestorbenen aufrechterhalten. Die Wesen eines verstorbenen Pirahã-Individuums, die während eines Rituals auftreten, repräsentieren ihren Träger und können mit den lebenden Verwandten kommunizieren. Diesen Kontakt können die Pirahã-Schamane herstellen, bis alle Wesen des verstorbenen Individuums ihre Transformationen vollenden und schließlich zum Jaguar werden. Gonçalves (2001: 206) merkt an, dass dieser Prozess den Zeitabstand zwischen Vorfahr und Aktualität aufhebt, da Tod und Leben keinen großen Unterschied darstellten. Die verstorbenen Verwandten bleiben somit nicht lediglich in Erinnerung, sondern können jederzeit im Ritual auftauchen und mit den Lebenden interagieren. In dieser Hinsicht verstehen die Pirahã den Tod als eine Verwandlung und nicht als das Ende eines Lebens (ibid.: ibid.).

Darüber hinaus stellen die *abaisi, ibiisi, kaoaiboge* und *toipe* nicht nur Wesen dar, sondern auch Ideen, die die Pirahã benutzen, um ihren Kosmos nachzuvollziehen. Sie kreieren, zerstören und rekonstruieren die Kosmologie durch ihre Handlungen (Gonçalves 2001: 178).

3.5.3 Schamanismus

Gonçalves (2001: 144) beschreibt den Schamanismus anhand der Definition von Townsley (1993 zitiert in Gonçalves 2001: 145). Für beide Autoren ist dies das grundlegende Wissen, das die Elemente artikuliert, die die Verbindung zwischen den Menschen und ihrer Welt aufbaut. Er analysiert zudem die Rolle des Schamanismus bei den Pirahã und bei den Araweté (Viveiros de Castro 1986 zitiert in Gonçalves ibid.: ibid.): in beiden Gesellschaften unterstützt der Schamanismus die Konstruktion ihrer Kosmologien.

Die Pirahã-Schamanen können die kosmischen Ebenen besuchen und dadurch Informationen über sie erhalten und weitergeben. Die Schamanismus-Rituale finden in der Trockenzeit statt und werden nachts veranstaltet. Währenddessen geht der Schamane in den Wald und verkörpert ein Wesen des Kosmos (*abaisi, toipe, kaoaiboge*). Dieses berichtet über Geschehnisse und interagiert mit den Zuschauern. Wenn der Bericht endet, geht der „besessene" Schamane wieder in den Wald und verkörpert ein anderes Wesen, das ein anderes Ereignis mitteilt. Aus einer Vielzahl von Erzählungen, geäußert von verschiedenen Wesen, entsteht ein Diskurs, der während des Rituals einen bestimmten Vorfall präsentiert. Während ein Wesen den Körper des Schamanen belebt, besucht dieser die Ebene des entsprechenden Wesens (Gonçalves 2001: 144-145). Somit erfüllt der Schamane die Rolle eines kosmischen Vermittlers. Der Autor fügt hinzu:

> "Shamanism materializes the interactive process between the ibiisi and the abaisi and/or between the ibiisi and the abaisi, kaoaiboge and toipe. It is through the shaman and his performance that the encounter gains dramaticity and durability. The shaman 'swaps places' with the abaisi or with the dead by visiting their respective levels while the latter come to the Pirahã level. The shaman's performance allows the society to increase and recuperate its onomastic legacy. Shamanism is a possible means for supplying society 'new' names. Their insertion in the onomastic is achieved by presenting abaisi names to the ibiisi for these to use them later in naming. Thus, the shaman is the base of the ritual, the only being capable of representing the entire cosmology in each session."
>
> (Gonçalves 2000: http://pib.socioambiental.org/en/povo/piraha/809. 27. Oktober 2012).

Nach dem Ritual fasst der Schamane sein eigenes Konzept des Kosmos zusammen und erzählt den anderen Pirahã, was er auf den anderen kosmischen Ebenen erlebt hat. Diese Auffassung bzw. Kosmologie wird jedes Mal aktualisiert, was andeutet, dass dies eine andauernde und kollektive Schaffung ist. Dieser Sachverhalt wird zusätzlich dadurch gestützt, da es mehr als einen Schamanen in einem Pirahã-Dorf gibt.

Nach der Auffassung der Pirahã muss man den Kosmos erfahren und erleben, um ihm Sinn zu verleihen. Somit bedeutet das Erfahren und Erleben in der Pirahã-Kosmologie die Schaffung ihrer Welt (Gonçalves 2001: 147).

4 Die Bedeutung der Erfahrung für die Pirahã-Kultur

4.1 Ein Universum in Bewegung: Die Rolle des Experimentierens (Gonçalves)

Der Begriff „Erfahrung", den Gonçalves als aufbauendes Konzept des Pirahã-Kosmos bezeichnet – wie oben erwähnt (3.5.3) –, heißt schlechthin „Experimentieren" oder „Erleben". Der Autor (2001: 152) weist darauf hin, dass die Pirahã-Sprache kein Verb beinhaltet, das sich buchstäblich so übersetzen lässt. Stattdessen verwenden die Pirahã hierfür die Verben *kai* (machen, tun[24]) oder *kohoa* (verschlingen), je nach Kontext. Zu diesem Zweck benutzen sie ebenfalls das portugiesische Verb *experimentar*[25].

Für die Pirahã werden die Elemente, aus denen die Welt besteht, nicht nur einmal geschaffen. Man muss zunächst probieren und experimentieren, bis man die Erstellung einer Sache oder eines Vorgangs festsetzt. Das impliziert, dass die Indigenen mit Fehlern und Misserfolgen rechnen und diese ausnutzen, weil sie es ihnen ermöglichen, die Bestandteile ihres Universums gelegentlich zu verändern oder neu zu produzieren. Somit kann man beispielsweise versuchen, Häuser anders zu bauen, auf unkonventionelle Weisen zu fischen sowie Nahrungen zu essen, die man vorher nicht gegessen hatte (Gonçalves 2001: 152-153).

In dieser Hinsicht muss man den Kosmos durch das Experimentieren erfahren, damit dieser als Diskurs konstruiert wird. Es existiert somit kein stabiles Pirahã-Universum, dem feste Prinzipien und Ideen eine Ordnung verleihen. Viel mehr basiert die kosmologische Interpretation der Pirahã auf sozialen Beziehungen, Geschehnissen und materiellen Gegenständen, die grundsätzlich anfällig für Veränderungen sind. Gonçalves (2001: 32) weist daher darauf hin, dass man die Pirahã-Kosmologie als ständige Konstruktion verstehen muss, die durch die Handlungen und Beziehungen ihrer Akteure aufgebaut wird. So befindet sich der Pirahã-Kosmos in einem andauernden Zustand bzw. Prozess, der pausenlos in Bewegung ist. Die folgende Anekdote veranschaulicht diese Ansicht.

---

[24] Auf Portugiesisch *fazer*, das beiden deutschen Verben entspricht.
[25] In der deutschen Sprache lässt sich *experimentar* als „Experimentieren", „Erfahren" und „Erleben" übersetzen. Ich wende diese Bedeutung in der hier präsentierten Arbeit auch für das englische Verb „to experience" an.

Die Pirahã unterscheiden zwei Arten von Schaffung: *maihege* (etwas langsam machen) und *aiboge* (etwas eilig machen). Darüber hinaus muss man etwas langsam produzieren, damit man es erfolgreich schafft. Diese zwei „Methoden" differenzieren die *ibiisi* von den *abaisi*: die Letzteren können *maihege*; die Pirahã hingegen arbeiten schnell (*aiboge*) und produzieren deshalb fehlerhafte Gegenstände, so die Aussage. Gonçalves (2001: 153-154) erzählt, dass die Pirahã damals allen *ibiisi* nur das *aiboge*-Prinzip zugeschrieben hatten, jedoch sind sie heute der Meinung, dass es nun eine *ibiisi*-Gruppe im Kosmos gibt, die das *maihege* beherrscht: die *diaponeso*[26] bzw. die Japaner. Der Autor berichtet über den Besuch eines japanischen Fernsehteams, das 1980 bei den Pirahã war. Der technische Zustand ihrer Ausrüstung beeindruckte die Indigenen so, dass sie eine *maihege*-Fähigkeit an den Japanern zu erkennen glaubten. Heute sagen die Pirahã, wenn sie Geräte (wie z.B. Kameras und Schiffsmotoren) sehen, dass die Japaner „die Sachen gut machen können" und vergleichen diese mit den anderen ihnen bekannten *ibiisi*, die so wie die Pirahã selbst nur das *maihege*-Prinzip beherrschen.

Die Pirahã nahmen diesen Fall in ihre Kosmologie auf, indem sie eine erzählerische Erklärung dafür entwickelten. Diese Erklärung besagt, dass die Japaner und die Pirahã einst zu derselben Gesellschaft gehörten, die wegen interner Konflikte getrennt wurde. Eine Gruppe, die Pirahã, blieb dort, wo sie heute leben, während die Japaner auswanderten und schafften, ihre Fertigkeiten zu perfektionieren (ibid.: ibid.).

Diese Geschichte verdeutlicht den offenen Aspekt der Pirahã-Kosmologie und zeigt, wie neue Erfahrungen neue kosmologische Perspektiven ergeben. Das ewige Experimentieren der Pirahã erlaubt ihnen somit, den Kosmos zu bewegen.

---

[26] Die Pirahã-Version für das portugiesisch Wort „japonês", wo das „Ja" wie „Dja" klingt.

4.2 Die Rolle der unmittelbaren Erfahrung bei den Pirahã (Everett)

Der Linguist Daniel Leonard Everett kam 1977 ins Amazonasgebiet, um im Auftrag des *Summer Institut of Linguistics* (SIL)[27] bei den Pirahã zu arbeiten. In seinen ersten wissenschaftlichen Arbeiten beschreibt er die Elemente der Pirahã-Sprache. Diese Studien stellen, auf einer deskriptiven Ebene, noch heute die wesentliche linguistische Referenz für diese Sprache dar. Seine späteren Werke (Everett 2005, 2009 und 2012) versuchen andererseits die Sprache der Pirahã hinsichtlich ihrer Kultur zu interpretieren[28]. Dabei behauptet Everett, dass die Erfahrung bei den Pirahã eine große Rolle spielt, obwohl seine Auffassung sich von Gonçalves Interpretation (4.1) unterscheidet.

Dem Autor (Everett 2005: 623) nach beschränken sich die Pirahã darauf, sich lediglich in Events[29] auszudrücken. Sie sprechen nur von dem, was sie selbst erleben, oder von dem, was ihre Gesprächspartner erleben. Das heißt, dass sie keinen Äußerungen über Events Beachtung schenken, die weder sie noch ihre Gesprächspartner selbst erlebt haben, wie Everett anmerkt:

> „What I propose [...] is that Pirahã culture avoids talking about knowledge that ranges beyond personal, usually immediate experience or is transmitted via such experience. [...] Abstract entities are not bound by immediate personal experience, and therefore Pirahã people do not discuss them" (Everett ibid.: ibid.)

Er verweist darauf, dass man Events, die sich außerhalb der unmittelbaren Erfahrung (*immediate experience*) befinden, nur als Abstraktionen verstehen kann. Infolgedessen

---

[27] Das *Summer Institut of Linguistics* ist eine unabhängige Stiftung, die sich dafür einsetzt, die Bibel in alle möglichen Sprachen zu übersetzen, um ihre Sprecher zum Christentum zu konvertieren. Everett kam in Amazonien erst einmal mit diesem Zweck an, verließ jedoch später den Glauben und arbeitete weiter bei den Indigenen als säkularer Wissenschaftler (Everett 2008). Er veröffentlichte die Mehrzahl der beschreibenden Studien hinsichtlich der Pirahã-Sprache.

[28] Obwohl die epistemologischen Schlussfolgerungen Everetts wissenschaftlich umstritten sind, bilden seine linguistischen Beschreibungen größtenteils einen Ausgangspunkt für die Kritiken an seiner Theorie, die Everetts „objektive" Argumente auf Basis seiner „subjektiven" Behauptungen kritisieren (Nevins et al 2009).

[29] So definiert Everett (2005: 622 in den Fußnoten) dieses Konzept: „The notion of "event" used in this paper – a single logical predicate – comes from the standard literature on lexical semantics. Such predicates can be modified but are represented as solitary events [...]. This is not to say that a single event cannot be expressed by more than one utterance but merely that multiple events are not expressed in a single utterance/sentence".

behauptet er, dass dies einen direkten Einfluss auf die Pirahã-Sprache hat. Diese spezifischen Auswirkungen werden im Kapitel 5 dieses Buchs untersucht. Vorher wird erläutert, was Everett unter Kultur versteht und wie er das Konzept der unmittelbaren Erfahrung einordnet.

4.2.1 Everetts Definition von „Kultur"

Everett (2012: 48) nimmt an, dass eine Kultur entsteht, wenn eine Gruppe von Menschen bestimmte Werte und Ideen miteinander teilen. Somit gäbe es mehrere „kulturelle Komplexe", die ineinander übergehen, wie er selbst beschreibt:

> „[...] '[C]ulture' is an abstract notion that applies to shared sets of values and ideas, recognizing that no two people share all the same values. The more ideas and values that two people share, the closer they are culturally, the more alike their 'cultural living' is. [...] The more values and ideas we share, the closer to each other we live culturally" (Everett 2012: 49).

Somit kann man Everetts Definition von Kultur auf zwei Begriffe zurückführen: Bedeutungen (*meanings*) und Werte (*values*). Für ihn sind dies jedoch keine Unterscheidungsbegriffe, da bestimmte Werte und Bedeutungen von unterschiedlichen Kulturkreisen geteilt werden. Was eine Kultur somit kennzeichnet, ist die Hierarchie dieser Ideen innerhalb eines bestimmten Kulturkreises. Er veranschaulicht diese Ansicht mithilfe eines Vergleichs von Ohio-Fabrikarbeitern und brasilianischen *Caboclos*[30]:

> „[...] [B]oth groups believe that being overweight is bad. But for most *caboclos*, not being overweight has a very high cultural value, since its associated with sloth and corruption, whereas for many Ohio factory workers being overweight is less of a moral problem and more of a health problem [...]. A ranking like the following seems to describe the two groups[...]: *caboclo:* hard work > overweight is bad > good meal; Ohio factory worker: hard work > good meal > overweight is bad. At least in principle, then, two societies can have the same values but show marked superficial differences that follow from the relative rankings between these values." (Everett 2012: 300).

---

[30] Everetts (2012: 300) Definition vom Caboclo: „[...][P]eople usually descendent from indigenous groups in Brazil who live in semi-industrialized communities along the banks of the Amazon and its tributaries".

4.2.2 *Immediacy of Experience Principle* (IEP)

Für Everett liegt der Fokus auf den unmittelbaren Erfahrungen: ein Prinzip, das in der Pirahã-Kultur einen hohen Wert hat. Nevins et al. (2009) entwickeln in einer Kritik an Everett (2005) das Konzept *Immediacy of Experience Principle* (IEP), das Everett in späteren Arbeiten (2009 und 2012) übernimmt. Die Definition des Begriffs ist vom kommunikativen Umfang der Pirahã-Sprache untrennbar und lautet: „Declarative Pirahã utterances contain only assertions directly related to the moment of speech, either experienced (i.e. seen, overhead, deduced, etc […]) by the speaker or as witnessed by someone alive during the lifetime of the speaker" (Everett 2009: 434).

Das IEP-Konzept basiert auf Erzählungen, die sowohl Everett als auch andere Pirahã-Forscher (Keren Everett, Heinrichs und Sheldon) in ihren Studien beschreiben. Der Linguist merkt an, dass all diese Texte lediglich von alltäglichen Sachverhalten handeln, die von ihren Erzählern erlebt wurden (Everett ibid.: 435).

Dieses Argument unterscheidet sich jedoch beispielsweise von der oben erwähnten Geschichte über das japanische Fernsehteam. Die Pirahã erlebten dieses Ereignis und bezogen es in ihre Kosmologie mit ein. Wenn ein Fall aus der Vergangenheit in der Pirahã-Kultur erhalten bleibt und die Pirahã ihn heute noch ins Gedächtnis rufen können (was passiert, wenn sie technische Geräte auf die *maihege*-Fähigkeit der Japaner zurückführen), wird es irgendwann Individuen der Pirahã-Gesellschaft geben, die diese Idee verwenden, aber ihre Entstehung, den Besuch der Japaner, nicht erfahren oder von Zeitgenossen gehört haben, die dies ebenfalls nicht erlebten. Immerhin kann man davon ausgehen, dass die Pirahã das Konzept („die *diaponeso* als einzige *ibiisi*, die das *maihege* beherrschen") nach wie vor in ihrer Kosmologie wie eine unmittelbare Erfahrung experimentieren. Jedoch diese Auffassung besitzt ein tautologisches Potenzial, da man demnach eine Erinnerung als Erfahrung verstehen kann und *vice versa*, was die Idee des IEP als Folge eines alltäglichen Sachverhalt schwer nachvollziehbar macht.

Trotz dieses Widerspruchs erwähnt Everett (2009: 432) Gonçalves (2005) und merkt an, dass das IEP als Wert unterschiedlicher Kulturen im Amazonasgebiet weitverbreitet ist, wie z.B. bei den Parintintin. Er fügt aber hinzu, dass das Prinzip jeweils anders in unterschiedlichen Kulturen eingestuft wird und sich je nach kulturellem Kontext differenziert. So erklärt er die Wirkungen des IEP an der Pirahã-Sprache:

> „Just as we might find the high central vowel [ɨ] in various Amazonian languages, its phonological status can vary significantly from language to language—an allophone in some, a phoneme in others, and so on. Again, my argument is that the IEP has the effect that it has in Pirahã because it is especially valued in Pirahã relative to any other Amazonian language that might have it" (Everett 2009: 432).

Eine weitere aufklärende Begriffsbestimmung des IEP bietet Everett leider nicht an. Er scheint eher damit beschäftigt, die Folgen des Prinzips darzustellen, die in der Sprache auftauchen (Kapitel 5). Obwohl meiner Meinung nach die Vernachlässigung dieses Aspekts Lücken in seiner Theorie erkennen lässt, ist festzuhalten, dass Gonçalves (2005: 636) Ähnlichkeiten zu seiner ethnologischen Analyse in Bezug auf die Rolle einer individualisierten Erfahrung bei den Pirahã akzeptiert. Zudem weist er auf eine mögliche Reziprozität der beiden Theorie hin:

> „[...] I take to be the central question in Everett's article [2005] [...] the role of experience in the construction of grammar and its possible transpositions to the Amazonian cultural and cosmological context. This is a particular mode of constructing social relations and ways of thinking about the world that is based on specific capacity— always personalized, that is, derived from experience— to produce culturally acceptable things. [...] Even in narratives that seem fixed, such as myths and songs, one can discern an important process of individualization that accentuates experience as the bases of this perception, frequently reflected in the first-person telling of the narrative." (Gonçalves 2005: 636).

Die spezifischen Merkmale der Pirahã-Sprache, die für Everett auf die Rolle der Erfahrung und das IEP zurückzuführen sind, werden im nächsten Kapitel dargelegt.

5 Die Pirahã-Sprache

Die Pirahã-Sprache wurde im Laufe des 20. Jahrhunderts von mehreren Wissenschaftlern (Nimuendajú 1948, Heinrichs 1964, Sheldon 1988, Gordon 2004, Frank et al 2008 u.a.) untersucht. Zu Beginn als Mura-Pirahã bezeichnet (Nimuendajú ibid., Heinrichs ibid., Sheldon ibid.) offenbarte diese Benennung die Abstammung von der Mura-Sprache bzw. Mura-Familie. Zu dieser Sprachfamilie gehörten dazu die mittlerweile ausgestorbenen Sprachen Bohurá, Yahahí, Mura und möglicherweise auch Torá (Everett 1986). Die Mura-Sprachen scheinen keine Verbindung zu anderen Sprachen außerhalb der Mura-Familie zu haben, d.h. sie bilden eine alleinstehende Sprachfamilie (ibid.: 200).

Das phonetische System der Pirahã besteht aus drei Vokalen (*i*, *a* und *o*) und drei Tonfällen (hoch, mittel und tief). Heinrichs (1964) identifiziert acht Konsonanten, dem widerspricht Everett (zitiert in Aikhenvald und Dixon 1999). Seiner Meinung nach (Everett 2005) unterscheidet sich die Pirahã-Konsonantenanzahl hinsichtlich des Geschlechts:

> "[...] [T]he phonemic inventory of Pirahã women is the smallest in the world, with only seven consonants and three vowels, while the men's inventory is tied with Rotokas and Hawaiian for the next-smallest inventory, with only eight consonants and three vowels [...]." (Everett 1979 zitiert in ibid. 2005: 622).

Pirahã ist eine tonale Sprache und seine Sprecher können ebenso nur mithilfe von Tönen kommunizieren, wie z.B. beim Schreien und Pfeifen. Das Tonfallsystem ermöglicht, dass die Individuen ganze Worte oder Sätze einfach prosodisch[31] ausdrücken (Everett 2012). Everett erklärt, dass „[t]he Pirahã people communicate almost as much by singing, whistling, and humming as they do using consonants and vowels" (Everett 1985 und ibid. 2004 zitiert in ibid. 2005).

---

[31] Mittels Sprachrhythmus, Tonfall bzw. der physikalisch/musikalischen Eigenschaften der Sprache.

5.1 Everetts Behauptungen

5.1.1 Einflüsse der Kultur auf die strukturelle Ebene einer Sprache

In einem im Jahr 2005 veröffentlichten Artikel analysiert Everett die Pirahã-Sprache und zieht Schlussfolgerungen, die den außergewöhnlichen Charakter der Sprache betonen. Diese Ergebnisse stellt er auch in seinem Buch „Das glücklichste Volk" (Everett 2008) dar, in dem er von einem persönlichen Standpunkt aus seine Erfahrungen bei den Pirahã, mit denen er ca. 30 Jahre lang zusammen gelebt hat, beschreibt[32]. Beide Arbeiten wurden von den Medien mit Aufmerksamkeit aufgenommen und lösten eine akademische Debatte aus, auf die vor allem Linguisten eingegangen sind. Auf den 2005 veröffentlichten Artikel folgten sofort mehrere Antworten und Kritiken. Einige von ihnen bezogen sich stark auf die Person Everetts[33].

Everett argumentiert, dass die Kultur der Pirahã Einflüsse auf die Struktur ihrer Sprache hat und sie gewissermaßen einschränkt (Everett 2005). Für ihn ist die Weltvorstellung der Pirahã stark von den unmittelbaren Erfahrungen (*Immediacy of Experience Principle,* 4.2.2) geprägt:

> "Grammar and other ways of living are restricted to concrete, immediate experience (where an experience is immediate in Pirahã if it has been seen or recounted as seen by a person alive at the time of telling), and immediacy of experience is reflected in immediacy of information encoding—one event per utterance [...]. Less explicitly the paper raises the possibility, subject to further research, that culture constrains cognition as well. If the assertion of cultural constraint is correct, then it has important consequences for the enterprise of linguistics." (ibid. 2005: 622).

Seine Ansicht, dass Kultur die strukturelle Ebene einer Sprache beeinflusst und diese verändern kann, richtet sie gegen Tendenzen der linguistischen Entwicklung der letzten

---

[32] Dieses Buch wird in der hier präsentierten Arbeit weniger als Quelle genutzt, denn es handelt sich um eine persönliche Erzählung und hat meiner Meinung nach geringen wissenschaftlichen Wert wegen der methodischen Mängel. Daher beziehe ich mich hauptsächlich auf die wissenschaftlichen Artikel Everetts.

[33] Everetts Vorträge an Universitäten wurden mehrmals boykottiert. Die prominenteste und aufmerksamste Kritik an ihm übte allerdings Noam Chomsky, der Everett als "Scharlatan" bezeichnete. (Angabe: Dokumentarfilm „*The Grammar of Happiness*", 2012). Später (2007) verbot ihm die FUNAI die Pirahã noch mal zu besuchen (http://www.nytimes.com/2012/03/22/books/a-new-book-and-film-about-rare-amazonian-language.html?pagewanted=all&_r=0 , zuletzt abgerufen am 14. Februar 2013).

Jahrzehnte. Diese beziehen sich zumeist auf universalistische Inhalte, die die Verbindung zwischen Kultur und Sprache verneinen (Doe 1988). Seit dem Aufkommen der strukturellen Sprachanalyse und den generativen Ansätzen entfernt sich die Sprachwissenschaft vom linguistischen Relativismus, da die Linguisten der universalistischen Schulen vielmehr die Formulierung einer Universalgrammatik (*Universal Grammar*) anstreben (ibid.). Everett argumentiert, dass Kultur die Sprache und außerdem das kognitive Denken formt und betont somit die kulturellen Prozesse in der Sprachanalyse. Dies stellt einen signifikanten Unterschied zu Whorfs Ansatz (1956) dar, der seine Theorie wie folgt erklärt:

> „Aus der Tatsache der Strukturverschiedenheit der Sprachen folgt, was ich das [„]linguistische Relativitätsprinzip[''] genannt habe. Es besagt, grob gesprochen, folgendes: Menschen, die Sprachen mit sehr verschiedenen Grammatiken benützen, werden durch diese Grammatiken zu typisch verschiedenen Beobachtungen und verschiedenen Bewertungen äußerlich ähnlicher Beobachtungen geführt. Sie sind daher als Beobachter einander nicht äquivalent, sondern gelangen zu irgendwie verschiedenen Ansichten von der Welt." (Whorf 2008: 20).

Everetts Ansatz unterscheidet sich in der *directionality*, d.h. bei ihm bedingt die Kultur die Sprache, bei Whorf ist es andersherum, Sprache formt die Kultur und Weltansicht[34]. So antwortete er auf die Kritiken von Nevins et al (2009):

> „[...] [T]heir reasoning seems at times to be based on the erroneous idea that my argument derives cultural values from the syntax, rather than deriving syntactic properties from the culture. This directionality is crucial. My claim is not that a syntactic effect entails a cultural value. It is that cultural characteristics in some societies can architectonically affect these societies' grammars." (Everett 2009: 406)

Trotz dieses Unterschieds lässt sich in den Argumenten beider Autoren das enge Verhältnis zwischen Kultur und Grammatik einer Sprache erkennen. Doe (1988) deutet an, dass gerade die Linguisten der universalistischen Ansätze seit ungefähr fünfzig

---

[34] Laut Ahearn (2012) gibt es einen „starken" whorfischen Relativismus (Sprache formt Weltansicht) und einen „leichten" (Sprache beeinflusst Weltansicht). Sie kommentiert, dass Everett sich auf die starke Variante bezieht.

Jahren die Bedeutung der kulturellen Einflüsse in der Sprachwissenschaft zu entkräften versuchen. Noam Chomsky, der Begründer des generativen Ansatzes (Meier et al 2012: 29), dessen Theorie von einem universalistischen Grundgedanken (wie z.B. der Frage nach dem menschlichen Ursprung der allgemeinen bzw. grammatischen Sprachfähigkeit) gekennzeichnet ist, bewertet die Bedeutung der Kultur bei der Skizzierung einer Universalgrammatik als gering: „Anthropological studies [...] do not attempt to reveal the underlying core of generative processes in language – that is, the processes that determine the deeper levels of structure [...]" (Chomsky 2006: 68). Des Weiteren kommentiert er die Rolle der Erfahrung, wobei er argumentiert, dass diese ein Problem darstellt:

> "[...] we cannot avoid being struck by the enormous disparity between knowledge and experience – in the case of language, between the generative grammar that expresses the linguistic competence of the native speaker and the meager and degenerative data on the basis of which he has constructed this grammar for himself." (ibid.: ibid.).

Dies könnte bedeuten, dass Erfahrung und Kultur nicht mit einer Universalgrammatik vereinbar sind[35].

5.1.2 Merkmale der Pirahã-Sprache: Everetts Versuch zur Widerlegung der universalistischen Sprachtheorien

Laut Everett (2005) lässt die Pirahã-Sprache Mängel an wichtigen linguistischen Attributen erkennen, die die Designfeature-Theorie von Hockett (1960 zitiert in Everett 2005: 633) in Frage stellen.

Hockett schlägt ein Modell mit 13 Eigenschaften vor, die seiner Meinung nach alle Sprachen manifestieren. Everett (2005: 622) deutet an, dass dieses Modell unter den Linguisten sogar akzeptierter ist als Chomskys Universalgrammatik. Laut Everett (2005: 633) widerlegt die Pirahã-Sprache folgende Eigenschaften der Designfeature-

---

[35] In der Dokumentation *"The Grammar of Happiness"* (2012) sagt Chomsky: "It might be an interesting question of the Social Anthropology, but culture doesn't have anything to do with the nature of language... it just doesn't make any sense." (24:27-24:35)

Theorie: Austauschbarkeit (*interchangeability*), situationelle Ungebundenheit (*displacement*) und Produktivität (*productivity*).

Everett selbst (2005: 642) definiert Austauschbarkeit als die Fähigkeit, die zwei Individuen innerhalb eines Systems besitzen und die ihnen ermöglicht, sowohl Information zu bekommen als auch weiterzugeben. Das heißt, dass in einem Sprachsystem jeder Sprecher dieser Sprache im Prinzip ebenso ein Hörer ist. Er ist theoretisch in der Lage, den anderen alles zu ermitteln, was zu ihm gesagt und von ihm verstanden wird (Hockett 1958: 578 zitiert in Everett 2005: 642). Everett (2005: 633) argumentiert, dass bei den Pirahã der Mangel an einem Zahlensystem (unten im Punkt 3.1.2a untersucht) das Prinzip der Austauschbarkeit verwirft. Dazu erläutert er: „Why are the Pirahã unlike other groups in not borrowing number words? [...] Because their "core grammar" lacks the resources to express certain concepts and their culture prohibits certain ways of talking." (Everett 2005: 643).

Meier et al. (2002: 34) beschreiben die situationelle Ungebundenheit als das Merkmal der Sprachfähigkeit, das einem Sprecher erlaubt, „Gedanken über Tatsachen und Fakten aus[zu]drücken, die in der aktuellen Situation des Gesprächs nicht gegeben sind". Everett ist damit einverstanden, dass die Pirahã von Sachverhalten sprechen, die im Moment des Gesprächs nicht anwesend sind. Hingegen deutet er auf die Unfähigkeit der Sprecher hin, von Sachen zu reden, die außerhalb ihrer persönlichen Erfahrung stehen, wie z.B. Abstraktionen in der Art von Zahlen, Quantifizierungen, Farbbezeichnungen u.a.. Er zieht daraus folgende Schlussfolgerung: „displacement in Pirahã grammar and language is severely constrained by Pirahã culture." (Everett 2005: 633).

Produktivität in der Sprache bedeutet, laut Hockett (1958: 576 zitiert in Everett 2005: 643), dass man von seinem Gesprächspartner vollkommen verstanden wird, auch wenn man ihm ein völlig neues Event vermittelt. Nach Everetts (2005: 643) Aussage kann man in der Pirahã-Sprache Einschränkungen dieser Fähigkeit erkennen. Dieser Mangel an Produktivität wird durch den eingeschränkten Umfang der übermittelbaren Ereignisse in der Pirahã-Sprache verursacht (ibid.: ibid.).

Die Besonderheiten der Pirahã-Sprache, die Everett (2005) identifiziert und die die oben genannten Argumente belegen, sind:

a) Entlehnung von Pronomen

Everett bewertet (2005: 628 und Everett et al 2001) das Pronominalsystem der Pirahã-Sprache als eines der einfachsten der Welt. Die Nomen werden in der Sprache andauernd wiederholt. Er (2005: 628) nennt als Beispiel eine Erzählung über die Jagd nach einem Panther, wobei das Wort für Panther ständig verwendet und nur einmal mittels eines Pronomens umschrieben wird, nämlich nachdem der Panther gestorben ist. Nach Everett beziehen sich die Pirahã nicht gerne mithilfe von Pronomen auf Entitäten, denn diese Form ist unklar in Vergleich zu der Anwendung eines bestimmten Nomens. Die Funktion der Pronomen besteht im Quantifizieren. Die Nicht-Verwendung oder nur sehr seltene Anwendung von Pronomen bei den Pirahã sind ein Beweis für die Ablehnung von Abstraktion sowie die daraus resultierende Abwesenheit von Zahlen (unten im Punkt 3.1.2g analysiert) und Verallgemeinerungen, wie Everett (2005: 628) kommentiert: „Pronouns are used relatively little for marking the activities of discourse participants. They are also not used as variables bound by quantifiers". Anderseits weist er (ibid.: ibid.) darauf hin, dass alle Pirahã-Pronomen von der Tupi-Guarani-Sprache entliehen sind. Wierzbicka[36] nimmt diesen letzten Punkt, um ihre Kritik an Everett zu entwickeln:

> „All the pronouns currently used in Pirahã "were borrowed recently from a Tupi-Guarani language," but all languages have identifiable exponents of "I" and "you," and, whatever the source of the current inventory, Pirahã is clearly no exception in this regard." (Wierzbicka 2005: 641).

b) Zeitform

Ein anderer Punkt, den Everett (2005: 631-632) beleuchtet, ist die Abwesenheit von einer präzisen zeitlichen Referenz in der Sprache bzw. von Perfekt-Formen. Als Beweis dafür deutet er auf die Tatsache hin, dass die Pirahã kaum Worte besitzen, um Zeitangaben zu machen. Des Weiteren argumentiert er, dass dieser Aspekt eine Folge des kulturellen Einflusses auf die Sprache ist.

---

[36] In derselben Ausgabe von *Current Anthropology*, Vol. 46, N. 4 (August/Oktober 2005)

Everett erklärt:

> „[...] [T]he absence of precise temporal reference and relative tenses [is] one further example of the cultural constraint on grammar and living. This would follow because precise temporal reference and relative tenses quantify and make reference to events outside of immediate experience [...]". (ibid.: ibid.).

Nevins et al. (2009: 37) stimmen dieser Idee nicht zu und merken an, dass auch die russische Sprache keine Perfekt-Form hat, obwohl die russische Kultur das *Immediacy of Experience Principle* nicht manifestiert. Darauf antwortet Everett (2009), indem er betont, dass unterschiedliche Hierarchien von Werten innerhalb einer Kultur zu unterschiedlichen sprachlichen Auswirkungen führen.

c) Verwandtschaftsbezeichnungen

Trotz der ausführlichen Beschreibungen von Gonçalves (1995, 2001) über die Verwandtschaftssysteme und -bezeichnungen bei den Pirahã, oben erörtert (2.4), bewertet Everett (2005: 632) das Pirahã-Verwandtschaftssystem als das einfachste, welches je registriert wurde. Er behauptet, dass es in ihrer Verwandtschaftsterminologie keine Geschlechtsunterscheidungen gibt. Aber er erwähnt kein einziges Mal den Begriff *ibaisi* (erklärt oben im Kapitel 2.4.2c). Unter anderen bezeichnet Everett *Ahaígi* (*ahaige*) als „*ego's generation*", *tiobahái* als die nachkommenden Generationen von Ego, *baí'i* (*baie*) als jede Generation über Ego bzw. als jemanden, der Macht über Ego hat, und *kaai* als biologische Tochter.

Darüber hinaus führt er an, dass die Verwandtschaftsbezeichnungen sich nur auf die dem Ego bekannten Verwandten beziehen und nicht auf diejenigen, die vor der Geburt Egos gestorben sind. Er geht davon aus, dass dies dem IEP entspricht (ibid.: ibid.).

Gonçalves antwortet darauf, indem er Gow zitiert:

> "I take little what native people say about distant ascendant kin, which is that they do not know anything about them because they never saw them. This is noted by numerous other ethnographers of Native Amazonian culture, but usually though to show the 'shallow time frame' of these societies... The shallow time frame of these societies is not a product of their failure to accumulate information in deep genealogies, but rather a result of their stress on personal experience in epistemology." (Gow 1991: 151 zitiert in Gonçalves 2005: 636).

Man kann annehmen, dass Gonçalves Idee einer persönlichen Erfahrung von Everetts Prinzip der unmittelbarer Erfahrung (IEP) unterscheidet. Wie im Kapitel 3.4 dieses Buchs beschrieben wird, argumentiert er, dass die Verwandtschaftsbezeichnungen zu den tiefsten liegende Strukturen der Pirahã-Gesellschaft gehören. Der Anthropologe (2001) behauptet dazu, dass es schwer ist, diesen Aspekt bei den Pirahã zu untersuchen, da sie ihre Verwandtschaftsbeziehungen kaum erwähnen. Man kann sich fragen, ob Everett sich bemüht hat, dies zu analysieren, denn wenn man seine Verwandtschaftsbeschreibung mit der von Gonçalves vergleicht, findet man einen bedeutenden Unterschied. Everetts Analyse des Verwandtschaftssystems scheint gegenüber der von Gonçalves lückenhaft und unzureichend, da es die sozialen Strukturen der Pirahã nicht enthüllt und zudem systematische Mängel aufweist.

d) Abwesenheit von Schöpfungsmythen und Fiktionen

Gonçalves Werke (1993, 2001) bieten mehrere analytische Untersuchungen zur Pirahã-Kosmologie an. Diesen widersprechend, sagt Everett (2005: 632) aus, dass die Pirahã keine Fiktion schaffen und keinerlei Mythen und Erzählungen über die Schöpfung des Universums besitzen. Er meint, dass dies einen Kontrast zur Mura-Gesellschaft darstellt und geht davon aus, dass die Mythen der Pirahã aus anderen amazonischen und christlichen Kulturen entliehen wurden. Er belegt diese These, indem er sagt, dass in den Vorstellungen der Pirahã die Welt immer existierte und im eigentlichen Sinne nie geschaffen wurde (ibid.: ibid.).

Nevins et al. (2009: 392-4) kritisieren diese Annahme, obwohl sie damit übereinstimmen, dass es keine Mythen über die Schöpfung der Welt gibt, sondern nur über eine Neuschöpfung (*Re-creation*). Das Problem ist nun, dass die Idee von „einer Welt, die immer so existierte" im Prinzip keine Veränderung erlaubt und nicht „in Bewegung ist", wie Gonçalves das Pirahã-Universum definiert. Wenn allerdings die Pirahã ihre Mythen aus anderen Gesellschaften entleihen, womit Gonçalves (zitiert in Everett 2009: 430-431) übereinstimmt, ist ihre Welt nicht mehr „so, wie sie immer existierte" und verändert sich durch externe Einflüsse.

e) Einsprachigkeit

Laut Everett (2005: 394) sind die Pirahã immer noch einsprachig, obwohl sie seit über 200 Jahren Kontakte sowohl mit weißen Brasilianern als auch mit Individuen anderer indigener Gesellschaften aufrechterhalten. Er begründet dies mit der Bedeutung der unmittelbaren Erfahrung in der Pirahã-Kultur. Dieser Punkt ist allerdings, angesichts der zahlreichen Berichte (Nevins et al 2009, De Oliveira et al 1975, Gonçalves 2001, Everett 2005), kritisch zu betrachten. Everett deutet darauf hin, dass die Pirahã kein Portugiesisch und auch keine weiteren indigenen Sprachen beherrschen. Es ist trotzdem schwer, die Pirahã als einsprachig zu bezeichnen, da sie laut mehrerer Wissenschaftler (Nevins et al 2009), doch Portugiesisch sprechen, obwohl sie die Sprache nicht beherrschen. Sakel (2012) untersucht Portugiesisch sprechende Pirahã-Individuen und deutet auf ihre Tendenz hin, komplexere syntaktische Satzbauten aus dem Portugiesischen ins Pirahã zu übertragen. Die Wissenschaftlerin schreibt dazu:

> „[...] [A]rising syntactic complexity in his variety of Portuguese is probably something that we will eventually also see in other speakers as well. This is because the language situation in the Pirahã region is likely to change considerably over the coming years, due to prolonged contact with the outside world, including a new hospital and education projects. The Portuguese proficiency of the gatekeepers is likely to increase, and with it - more than likely - also the complexity of their learner varieties." (Sakel 2012: 85-86).

Die Frage ist nun, inwieweit man ein Individuum als einsprachig bezeichnen kann, wenn dieses sich strukturelle Elemente aus einer Fremdsprache aneignet.

f) Abwesenheit von Rekursion

Linguistische Rekursion ist die Eigenschaft, einen Satz mit einem anderen zu kombinieren, was unendlich ausgeweitet werden kann. Meier et al. (2002: 34) definieren diesen Prozess wie folgt: „Aus einfacheren sprachlichen Ausdrücken können komplexere Ausdrücke zusammengesetzt werden, die neue Gedanken ausdrücken, die niemals vorher produziert oder gehört wurden. [...] Dieser Prozess kann unendlich wiederholt werden."

Chomsky et al. (2002: 1569) behaupten, dass Rekursion das einzige universelle Element der Sprachfähigkeit ist und somit in allen Sprachen zu finden ist. Dies ist laut Everett (2005 und 2009) nicht der Fall bei Pirahã. Er (2005: 628-629) geht davon aus, dass die Pirahã-Sprache dieses Merkmal nicht besitzt, was durch die Bedeutung der unmittelbaren Erfahrung (IEP) in der Kultur bedingt ist. Mit Rekursion kann man sagen, „der Papagei der Frau des Chefs meiner Mutter..." (Meier et al. ibid.: ibid.) und so die Quelle der Information unendlich erweitern.

Everett definiert Rekursion als ein Mittel, mehrere Aussagen (*assertions*) miteinander in einem Satz zu verknüpfen und auszudrücken. Die Pirahã sind seiner Meinung nach in der Lage, nur eine Aussage pro Satz auszudrücken (2005: 628-629).

Eigentlich scheint dies eine direkte Kritik an Chomskys (et al. 2002) Argument eines rekursiven Sprachuniversalismus zu sein. Piantadosi et al. (2012) prüften diese Annahme mithilfe von der von Everett gesammelten linguistischen Daten[37] und einer Sprachanalyse-Software. Als Basis für die Berechnung nutzt diese Software arithmetische Ausdrücke, die aus Chomskys Arbeiten stammen. Diese Studie kam, wie Everett, zu dem Ergebnis, dass die Pirahã-Sprache keine Rekursion aufweist.

Allerdings erkennt Everett (2012: 281), dass die Abwesenheit von sprachlicher Rekursion ein rekursives Denken bei den Pirahã nicht verhindert. Er akzeptiert die Idee, dass es eine universelle Fähigkeit ist, rekursiv denken zu können:

---

[37] Piantadosi hatte vor, zusammen mit Everett die Daten bei den Pirahã zu sammeln. Es stellte sich aber heraus, dass die FUNAI ihnen keine Genehmigung gaben – und sie als Missionare bezeichnete. („Grammar of Happiness" 2012).

> „I do not think that anyone disputes that recursion is universal among humans, though where it is to be found has been a matter of hot debate. After all, normal humans must be able to think that other people know that other people think. That is one thought inside another thought or the same type — recursive thinking." (Everett 2012: 281).

Seine Behauptung ist, dass grammatische Satzeinbettung und -verknüpfung in Pirahã nicht vorhanden sind[38], obwohl Nevins et al. (2009) diesem Argument widersprechen und darauf hindeuten, dass die rekursive Eigenschaft der Sprache im Tonfallsystem zu finden sei.

Insofern ist Everett damit einverstanden, dass man eine rekursive Abwesenheit lediglich in der Pirahã-Syntax findet. Wenn man seinen Gedanken folgt, wird erkannt, dass der erörterte Punkt das kognitive Denken der Indigenen ausschließt. Wenn sie also rekursiv denken und Kultur die Sprache formt, wie oben erwähnt, lässt sich eine Lücke in Everetts Auffassung von einer Kontinuität zwischen diesen Elementen erkennen. Seines Erachtens schränkt die Kultur die sprachliche Struktur ein und dies geschieht in Richtung Kultur → Sprachstruktur und nicht umgekehrt. In diesem Fall befindet sich die Rekursion jedoch nur auf der kulturellen Ebene und dies stellt meiner Meinung nach ein logisches Problem für Everetts Argument dar.

g) Abwesenheit von Nummern, Zahlen und Berechnungen

Laut Everett (2005, 2009 und 2012) verwenden die Pirahã keine Zahlen und können nicht rechnen. Die von der Ethnie gesprochene Sprache besitzt also keine Form genauer Quantifizierungen, seien es Nomen (z.B. kein Wort für den Begriff „alles"), Verben oder Unterscheidungen zwischen Plural und Singular. Stattdessen haben die Pirahã ein „*one-two-many*" System (Gordon 2004), wobei das Wort für „eins" oder „zwei" keinen exakten, sondern groben Quantitäten entspricht (Everett 2005). Dies soll, nach Everett, auch in keiner anderen Sprache auf der Welt zu finden sein (ibid.: 623), was eine

---

[38] Everett (2012: 293) erklärt es wie folgt: "Take the following: 'You drink. You drive. You go to jail. Rich people don't go to jail though. That is what some people say.' We could utter this same set of thoughts as a single sentence, using recursion, along the lines of: 'Some people say that if you drink and drive, then you go to jail, unless you are rich.'"

umstrittene Behauptung ist (Levinson 2005: 637[39]). Er (2005: 625) sieht den Grund dafür darin, dass Quantifizierungsprozesse durch abstrakte Verallgemeinerungen bedingt sind und dass diese Abstraktionen sich außerhalb der unmittelbaren Erfahrung befinden. Anhand dieser Affirmation führte Gordon (2004) eine kognitive Studie unter den Pirahã durch und kam zu dem Ergebnis, dass ihre numerische Kognition durch das Fehlen eines Zahlensystems charakterisiert ist. Eine weitere Studie (Pica et al 2004) bei den Munduruku, die auch dieselbe Region wie die Pirahã bewohnen, kam ebenfalls zu dem Ergebnis, dass Mängel an Zahlensystemen zur kognitiven Folgen führen können.

Kritiken an ähnlichen Schlussfolgerungen bestehen darin, dass die spezifische kulturelle Prägung eines Forschers die Untersuchungen von transkulturellen Kategorisierungen bestimmter Bedeutungsfelder beeinflussen kann, wie Ahearn (2012) kommentiert:

> „The risk [...] is that the identification of a semantic domain by a researcher might (ironically enough) be influenced by the researcher's own linguistic categories, resulting in the study of something that might constitute a semantic domain in the researcher's own language but not in the language of the people being studied." (Ahearn 2012: 80).

In seiner Ethnographie der Pirahã-Gesellschaft erwähnt Gonçalves (2001: 139), dass alle Pirahã-Individuen übereinstimmen, dass es wenigstens fünf kosmische Ebenen gibt — die mittlere, zwei oben und zwei unten gelegene. Laut des Autors (ibid.: 140) bietet der Schamane Apisioe eine ausführliche Beschreibung von 25 Ebenen und deren Bewohnern an. Wenn ein Pirahã-Individuum bis auf so eine hohe Nummer zählt, kann dies der Theorie Everetts widersprechen.

h) Farbbezeichnungen

Laut Everett (2005: 627) gibt es keine Farbbezeichnungen in der Pirahã-Sprache. Das heißt nicht, dass die Indigenen Farben nicht wahrnehmen, sondern dass ihre Sprache nicht über feste Bezeichnungen für Farben verfügt. Darüber hinaus können sie Farben auch nicht abstrahieren (z.B. sagen „mir gefällt blau/rot"). Nochmals versucht Everett

---

[39] Levinson erwähnt australische Sprachen als Beweis dafür und zitiert Dixon (2002: 67 zitiert in Levison ibid.: ibid), aber spezifiziert keine bestimmte Sprache.

(2005: 628) diesen Aspekt mit dem Verhältnis von Erfahrungen, Kultur und Sprache zu begründen, wobei er eine kognitive Verbindung von Farben und Zahlen skizziert:

> "[...] [S]ince neither color nor numbers are found in Pirahã, it is reasonable to ask what color terms have in common with numbers. Both are used to quantify beyond immediate, spatio-temporally bound experience. If one has a concept of "red" as opposed to immediate, nonlexicalized descriptions, one can talk about "red things" as an abstract category (e.g., "Don't eat red things in the jungle" [good advice]). But Pirahã refer to plants not by generic names but by species names, and they do not talk about colors except as describing specific objects in their own experience." (Everett 2005: 628).

Es muss betont werden, dass die Pirahã vier Kategorien in der Farbpalette einordnen (schwarz, weiß, rot/gelb und grün/blau), was Sheldon (o.J. zitiert in Everett 2005) nach dem Modell des "World Color Survey Chart" (Berlin und Kay 1991) bei den Pirahã untersuchte. Paul Kay (2005: 636), der ein Modell für universelle Farbbezeichnungen vorschlägt, kritisiert Everetts Standpunkt. Er argumentiert, dass es ein Beweis für das Vorhandensein von Farbbezeichnungen ist, wenn man die Farben in der Pirahã-Sprache nicht explizit benennt, sondern umschreibt[40], vor allem wenn diese Umschreibungen unter den Sprechenden einer Sprache einvernehmlich sind bzw. wenn sie sich über die gemeinten Farben verständigen können[41].

Gonçalves (2001: 106) beschreibt in der Pirahã-Kosmologie das *abaisi Eohoe*, das in der zweiten unteren Welt lebt, als ein Wesen, das nur rote Nahrungsmittel isst. Es wird behauptet, dass alle Lebensmittel, von denen *Eohoe* sich ernährt, ursprünglich weiß sind. Um dieses Problem zu lösen, färbt sie diese mit Urucum, so dass sie rot und somit essbar werden. Weitere Anmerkungen zu roten, gelben und grünen Elementen, vor allem in der Pirahã-Kosmologie, sind bei Gonçalves (2001) nachzulesen.

Für Everett nehmen die Pirahã Farben wahr, obwohl sie diese nicht benennen. Die Farbbezeichnungen wird durch Phrasen und nicht feste Worte repräsentiert. Dazu schreibt er: „[...][W]e can create categories for objects in the world around us without words. [...] If I am right about Pirahã – if they do have abilities that are not reflected in

---

[40] Z.B. wenn man einen roten Pfeil wie folgt beschreibt: „der Pfeil leuchtet wie ein Apfel"
[41] Z.B. wenn alle verstehen, dass der Pfeil rot ist, wenn man die oben genannte Beschreibung verwendet.

their language – then it must be concluded that thought is independent of language in important ways" (Everett 2012: 256). Dieses Zitat verwende ich, um zu zeigen, dass Everetts Auffassung logische Probleme beinhaltet. Wenn Sprache und Denken unabhängig sind, dann müsste er dem Leser genau erklären, inwieweit dies so ist, ansonsten kann man seine Theorie in Frage stellen. Er macht dies leider nicht und lässt stattdessen Lücken in seiner Argumentation. Gehört das IEP nun zur Kultur? Ist das Denken von der Kultur ausgeschlossen? Im selben Werk scheint er auf die letzte Frage mit einer Verneinung zu antworten: „Culture is the field in which the mind grows and creates — the field fenced in by shared ideas and values. Constrained by these ideas and values, members of the culture create the perimeters of their existence and their means of survival." (Everett 2012: 49). Sind somit Kultur und Geist widerspiegelnd, kann man davon ausgehen, dass Sprache und Kultur unabhängig sind, wenn man dem oben erwähnten Argument folgt. Auf diese Weise ist die Auseinandersetzung mit der Theorie Everetts jedoch schwer, da es zahlreiche Widersprüche gibt.

5.1.3 Anmerkungen zu Everetts Behauptungen

Es kann natürlich der Fall sein, dass die Widersprüche in Everetts Argumentation existieren, weil er seine Theorie im Laufe des Jahres ständig überarbeitet und erweitert hat. Er beharrt jedoch in seinen Artikeln auf seinem Standpunkt, dass die Merkmale der Pirahã-Sprache Beweise dafür sind, dass das Modell einer Universalgrammatik zu verwerfen ist. Es erscheint mir so, dass es wesentlich für ihn ist, gegen die von Chomsky beschriebene eingeborene Sprachfähigkeit des Menschen zu argumentieren. Für Everetts These sprechen, trotz der oben erwähnten Lücken in seiner Argumentation, die Untersuchungen von Piantadosi et al. (2012). Diese ergaben, dass sich in der Pirahã-Sprache keine Rekursion erkennen lässt, jedenfalls nach der Definition von Rekursion nach Chomsky et al. (2002). Die Daten, die Piantadosi et al. (2012) analysierten, wurden von Everett gesammelt[42]. Obwohl die Schlussfolgerungen, die Everett zieht, widersprüchlich sein können, verdeutlicht dies, dass seine deskriptiven Arbeiten um die Pirahã-Sprache wichtige Referenzen bleiben, auf die sowohl seine Kritiker als auch Nachfolger in ihren Analysen verweisen.

---

[42] Everett wollte 2011 zusammen mit den MIT-Wissenschaftlern Edward Gibson und Steve Piantadosi ein Dorf der Pirahã-Gesellschaft besuchen, um neue linguistische Daten zu sammeln. Es stellt sich heraus, dass der verantwortliche lokale FUNAI-Stützpunkt ihren Zugang nicht genehmigt und sie als „Missionare" bezeichnet hat. Der amtierende Arbeiter der FUNAI behauptet, dass die aktuelle Politik jenes Stützpunkts sei, keinen Missionar in die lokalen indigenen Dörfer hereinzulassen – was ebenfalls eine fragwürdige Entscheidung ist. Obwohl Everett damals als Missionar des *Summer Institut of Linguistics* in das Pirahã-Territorium kam, verließ er seinen Glauben und wurde Atheist, wie er selbst (2008) behauptet – Angabe: Dokumentarfilm „The Grammar of Happiness" (2012). Zudem berichtete die New York Times, dass die Anthropologin Cilene Rodrigues zugab, eine E-Mail an die FUNAI geschrieben zu haben, über deren Inhalt sie sich aber nicht äußerte, die aber dazu beigetragen hätte (http://www.nytimes.com/2012/03/22/books/a-new-book-and-film-about-rare-amazonian-language.html?pagewanted=all=, zuletzt abgerufen am 14. Februar 2013).

6 Fazit: Der ethnologische Beitrag zu einer linguistischen Diskussion

Mithilfe der ethnologischen Daten über die Pirahã-Gesellschaft kann man die linguistische Diskussion um Everetts Behauptungen erweitern und den Zusammenhang von Sprache und Kultur weitergehend analysieren. Trotz des Zwiespalts zwischen den kulturspezifischen Beschreibungen von Gonçalves und den Argumenten von Everett nehmen die zwei Autoren keine antagonistische Position dem anderen gegenüber ein, wenn es um die wissenschaftliche öffentliche Debatte geht, jedenfalls nicht explizit. Das liegt vielleicht daran, dass beide Wissenschaftler verschiedenen Fächern angehören (Everett zur Linguistik und Gonçalves zur Anthropologie) und sich dafür einzusetzen scheinen, auf die Kultur der Pirahã Rücksicht zu nehmen. Dies wird offenbart in der in Everetts Artikeln (2005 und 2009) zitierten persönlichen Kommunikation zwischen Gonçalves und Everett. Darin scheinen sie sich zumindest über gegenseitige *insights* zu einigen.

Die Diskussion, die sich über Everetts Argumentation entfacht hat, geht um zwei spezifischen Stellungnahmen, die man als eine Auseinandersetzung zwischen universalistischen und relativistischen Ansätzen beschreiben kann. Auf der universalistischen Seite befinden sich vor allem Noam Chomsky und seine Nachfolger, die danach streben, eine Universalgrammatik aus linguistischen Daten zu abstrahieren und in einem Modell zu systematisieren. Dies führt zwar dazu, dass die entsprechenden Theorien gelegentlich eine fast mathematische Abstraktion manifestieren und gegebenenfalls fast nur als theoretisches Konstrukt verwendet werden. Dies ist also eine der Kritiken Everetts an Chomsky:

> „Consider what Chomsky says in this regard: 'Asking what UG [*Universal Grammar*] predicts is like asking what biology predicts. There can't be any answer, by definition. UG is the true theory of the genetic component that underlies acquisition and use of language' (Chomsky, p.c., email April 2007). This reduces UG[...] to a tautology: only humans speak because only humans are humans." (Everett 2009: 439)

Er merkt anschließend an, dass Chomkys Aussage die *Universal Grammar*-Theorie zu einem rein theoretischen Gedanken macht.

Nevins et al. (2009: 358) erkennen hingegen an, dass es mehrere Formulierungen von Universalgrammatiken gibt und fügen der Diskussion folgende Bemerkung hinzu:

> „[...] [N]o full account of any linguistic data could limit itself to principles of UG. The very existence of linguistic diversity makes it clear that experience plays a key role in the determination of every individual's grammar, and acts as a constraint on language use as well. Since a speaker's experience, in turn, is shaped by innumerable social and cultural factors, the existence of systematic links between culture and language is far from unexpected." (Nevins et al. 2009: 358).

Im Anschluss daran weisen sie auf transdisziplinäre Studien über Ethnosyntax (Enfield 2002 und Wierzbicka 1979 zitiert in Nevins et al. ibid.: ibid) hin, die untersuchen, inwiefern die Kultur die sprachliche Struktur beeinflusst. Die Wissenschaftler, die diese Untersuchungen durchführen, akzeptieren sowohl die Existenz einer universellen menschlichen Fähigkeit als auch kulturelle Einflüsse auf die Sprache.

Dennoch steht Everetts Stellungnahme auf der relativistischen Seite, wie er selbst konstatiert, und zwar dadurch, dass er sich dem whorfischen linguistischen Relativismus anschließt. Er macht jedoch deutlich, dass seine Auffassung sich von Whorfs Idee unterscheidet, da für ihn die Weltansicht die Sprachstruktur formt – und nicht umgekehrt. Ahearn (2012) analysiert und bewertet Everetts Interpretation der Theorie Whorfs als einen naiven kulturellen Determinismus, der aus einer „starken" Interpretation der Whorf-Hypothese folgt, was die Autorin als Irrtum einschätzt (2012: 69): „The causal arrow for this obviously wrong "strong" version of the so-called Sapir-Whorf Hypothesis runs in just one direction between language and thought, and culture is nowhere in the picture [...]." (Ahearn 2012: 69).

Ahearn deutet auf das Risiko hin, dass die universalistischen sprachwissenschaftlichen Ansätze darstellen, wenn die von westlichen Kategorien geprägten Untersuchungsmethoden ihre Befunde beeinflussen. Sie betont zudem, dass die Wissenschaftler der Linguistischen Anthropologie andere Meinungen vertreten:

> „[...] [T]he imposition of Western linguistic and cultural categories lead researchers to "find" cross-linguistic and cross-cultural universals when a closer look might reveal differences. This is the position of most linguistic anthropologists today — most fully accept the existence of both diversity and universality across languages and cultures, with the caveat that any proposed universals must be shown to be truly universal and not just the result of inappropriate generalizations stemming from Western cultural or linguistic categories [...]." (Ahearn 2012: 69).

Die Linguistische Anthropologie bietet hierfür ein anderes Modell an, das zwar auf Whorfs Theorie zurückgeht, aber eine triadische Wechselwirkung von Sprache, Kultur und Denken vorschlägt, statt eine binäre und unflexible Widerspiegelung zwischen Sprache und Denken bzw. Sprache und Kultur:

> „In this model, the particular language you speak may predispose you to think a certain way or to engage in certain cultural practices or beliefs, but this relation is by no means a rigidly deterministic one, nor is it unidirectional. Instead, language, thought, and culture are all viewed as influencing one another in a flexible, mutually constitutive way." (Ahearn ibid.: 70).

Laut der Autorin ist diese Meinung in der Linguistischen Anthropologie allgemein akzeptiert, deren Wissenschaftler das Vorhandensein universeller Elemente nicht leugnet. Unabhängig davon überschätzen Linguisten, Psychologen und Kognitionswissenschaftler jedoch diese Idee, so Ahearn. Darin liegt auch die Kritik Everetts begründet, der allerdings jene linguistisch-anthropologische Position anscheinend übersieht:

> „Unfortunately, Everett seems unaware that most contemporary linguistic anthropologists consider the relationship among language, thought and culture to be mutually constitutive. Indeed, he says he rejects the "unidirectionality inherent in linguistic relativity" (Everett 2005:623) without realizing that the views of the simplistic and mistaken linguistic determinism he attributes to them." (Ahearn 2012: 96).

Viveiros de Castro, brasilianischer Anthropologe, dessen Schüler Gonçalves ist, bemüht sich darum, eine Theorie zu entwerfen, die die Gedanken der indigenen Ethnien des Amazonasgebiets berücksichtigt. Auf Basis seiner Forschungen mit den Arawaté und

Vergleichen mit anderen ethnologischen Beschreibungen von Wissenschaftlern, die mit indigenen Gruppen der amazonischen Region arbeiten, schlägt er das Konzept eines Amerindischen Perspektivismus[43] vor. Den Begriff kann man ebenfalls auf die Pirahã anwenden, da er auf der Fähigkeit des Schamanen basiert, die Welt aus der subjektiven Perspektive anderer Wesen (Geister, Gestorbenen, Gottheiten, Tiere, Pflanzen usw.) zu empfinden. Dieser Idee nähert sich gewiss Gonçalves Beschreibungen der Pirahã-Kosmologie. Der Grundgedanke von Viveiros de Castro (1998) stellt eine bedeutende Alternative zur Dichotomie „Relativismus *versus* Universalismus" dar, denn der Amerindische Perspektivismus kehrt beide Ansätze um.

> „[...] [A]re founded on the mutual implication of the unity of nature and the plurality of cultures - the first guaranteed by the objective universality of body and substance, the second generated by the subjective particularity of spirit and meaning - the Amerindian conception would suppose a spiritual unity and a corporeal diversity. Here, culture or the subject would be the form of the universal, whilst nature or the object would be the form of the particular."
> (Viveiros de Castro 1998: 470).

Der Autor weist darauf hin, dass die Wesen, die in den mythischen Erzählungen und schamanistischen Berichten der amazonischen Gesellschaften zu finden sind, sowohl menschliches als auch unmenschliches Verhalten aufweisen. Infolgedessen teilen sie eine gegenseitige Mitteilbarkeit, die der aktuellen zwischenmenschlichen Kommunikation gleicht (ibid.: 471-472). Er verweist auf den Beitrag von Lévi-Strauss zum Verständnis des indigenen Denkens in Südamerika, um deutlich zu machen, dass die Vorstellung dieser Individuen sich von der westlich geprägten Idee von Natur und Kultur distanziert:

---

[43] *„Perspectivismo ameríndio"*

„The differentiation between 'culture' and 'nature', which Levi-Strauss showed to be the central theme of Amerindian mythology, is not a process of differentiating the human from the animal, as in our own evolutionist mythology. The original common condition of both humans and animals is not animality but rather humanity. The great mythical separation reveals not so much culture distinguishing itself from nature but rather nature distancing itself from culture: the myths tell how animals lost the qualities inherited or retained by humans (Brightman 1993: 40, 160; Levi-Strauss 1985: 14, 190; Weiss 1972: 169-70). Humans are those who continue as they have always been: animals are ex-humans, not humans ex-animals. In sum, 'the common point of reference for all beings of nature is not humans as a species but rather humanity as a condition' [...]."

Auf die falsche Annahme, die darin besteht, den Perspektivismus als eine Art Relativismus zu verkennen, antwortet er mit einem veranschaulichenden Argument. Es besagt, dass die amazonischen Indigenen nicht annehmen, dass z. B. Wildschweine die anderen Tierarten ebenfalls für Wildschweine halten, obwohl sie wie Jaguare, Menschen, Schildkröten usw. aussehen: das wäre eine relativistische Weltansicht. Der Amerindische Perspektivismus postuliert hingegen, dass Wildschweine andere Wildschweine für „Menschen" halten. Daraus folgt, dass die Tierarten, die in einem Wertsystem die entsprechenden Rollen von Beute und Raubtier für Wildschweine erfüllen, in denselben Verhältnispositionen im Vergleich zu Systemen von anderen Tierarten stehen. Somit kommt beispielsweise einem Lachs ein Wildschwein genauso vor, wie dem Wildschwein ein Jaguar – als Raubtier. In diesem Sinne ist das „Menschsein" das Merkmal von Individuen derselben Erscheinungsform eines Subjekts. Dieses sieht sich selbst – aus seiner eigenen Perspektive – als einen „Menschen" an – und dies gilt auch für die Menschen selbst (Viveiros de Castro 2011: 485). Der in Rede stehende Wissenschaftler erklärt dazu:

„To say, then, that animals and spirits are people is to say that they are persons, and to attribute to non-humans the capacities of conscious intentionality and agency which define the position of the subject. Such capacities are objectified as the soul or spirit with which these non-humans are endowed. Whatever possesses a soul is a subject, and whatever has a soul is capable of having a point of view. Amerindian souls, be they human or animal, are thus indexical categories, cosmological deictics [...]" (Viveiros de Castro 1998: 476).

Diese Kategorie („Mensch") steht also jenseits der westlichen Auffassung und deshalb jenseits der Trennung von Natur und Kultur, auf der sowohl die universalistischen (Überbewertung der Rolle der Natur) als auch die relativistischen (Überbetonung der kulturellen menschlichen Einflüsse) Ansätze basieren:

> „The savages are no longer ethnocentric but rather cosmocentric; instead of having to prove that they are humans because they distinguish themselves from animals, we now have to recognize how inhuman we are for opposing humans to animals in a way they never did: for them nature and culture are part of the same sociocosmic field." (ibid.: 475).

Genau dies erkennt Gonçalves (2001) bei den Pirahã, denn ihre schamanistischen Praktiken weisen diesen Perspektivismus auf. Sie können unterschiedliche Betrachtungsweisen erfahren und so ihren eigenen Kosmos mittels dieses ständigen Experimentierens rekonstruieren.

Nach wie vor analysieren Everett und andere Linguisten die Pirahã-Kultur und ihre Sprache auf der Basis westlicher Konzepte von Kultur und Natur, Universalismus und Relativismus, Menschen und Nicht-Menschen. Diese Dichotomie, die die Perspektive der Pirahã außen vor lässt, dominiert irrtümlicherweise die hier dargestellte Debatte.

Trotz der Missverständnisse, was die Sicht auf die Pirahã-Gesellschaft angeht, verdeutlicht die Analyse dieser sprachwissenschaftlichen Auseinandersetzung den Beitrag, den die Ethnologie für die Linguistik leisten kann. Damit wird ebenfalls darauf hingewiesen, dass die Linguisten die Entwicklung der Ethnologie verfolgen sollten, damit ihre Theorien mit der Zeit gehen.

Des Weiteren darf man nicht übersehen, dass die Studien von Everett in diesem Fall dazu dienen, all die hier präsentierten sowie zukünftigen Fragen zu stellen. Auch wenn es ihm nicht gelungen ist, seine eigene These zu beweisen, hat er zumindest die Aufmerksamkeit der Wissenschaftsgemeinde auf diese wissenschaftlich relevante Thematik gelenkt. Die epistemologischen Einblicke, die amazonische Ethnien wie die Pirahã bieten, kann den westlichen Wissenschaftlern rare und signifikante *insights* ermöglichen, wie Gonçalves deutlich macht:

„If the Pirahã are not a cultural exception within the Amazonian context, they most likely are not a linguistic exception either. It is up to Amazonian linguists to engage with Everett's provocative argument and to rethink the grammar of Amazonian languages in terms of the value that experience assumes in its definition." (Gonçalves 2005: 636)

Meiner Meinung nach muss man vor allem die Pirahã-Sprache weiter erforschen und ausführlich beschreiben. Everett hat dafür den Grundstein gelegt und seine Arbeit sollte fortgesetzt werden. Die Relevanz der Pirahã-Sprache als letzten Zweig der alleinstehenden Mura-Familie (mit unter 500 Sprechern) kann man vielleicht noch nicht abschätzen. Auf jeden Fall bedarf der Umgang mit der Pirahã-Gesellschaft Untersuchungen, die vorsichtig und rücksichtsvoll durchgeführt werden.

7 Literatur

- Aikhenvald, Alexandra und R.M.W. Dixon 1999: *The Amazonian languages*. Cambridge: Cambridge University Press.

- Ahearn, Laura M. 2012: *Living Language: An Introduction to Linguistic Anthropology*. Oxford: Wiley-Blackwell.

- Berlin, Brent und Paul Kay 1969: *Basic color terms*. Berkeley: University California Press.

- Chomsky, Noam 2006: *Language and Mind*. Cambridge: Cambridge University Press.

- Chomsky, Noam, Marc D. Hauser und W. Tecumseh Fitch 2002: The Faculty of Language: What is It, Who Has It, and How Did It Evolve?. *Science* Vol. 298 (November 2002): 1569-1578.

- De Oliveira, Adélia Engrácia und Ivelise Rodrigues 1975: A situação atual dos Mura-Pirahã. *Boletim Informativo FUNAI*.

- Doe, John 1988: *Speak into mirror: a story of linguistic anthropology*. Lanham: University Press of America.

- Dömpke, Stephan, Lothar Gündling und Julia Unger 1996: *Schutz und Nutzung biologischer Vielfalt und die Rechte indigener Völker*. Bonn: Forum Umwelt & Entwicklung.

- Everett, Daniel 2005: Cultural Constraints on Grammar and Cognition in Pirahã. *Current Anthropology* 46 (Nr. 4 August/Oktober 2005): 621-646.

- Ders. 1986: Pirahã. In: Desmond Derbyshire und Geoffrey Pullum (Hg.), *Handbook of Amazonian Languages*. Mouton De Gruyter.

- Ders. 2008: *Das glücklichste Volk*. München: Pantheon.

- Ders. 2009: Pirahã Culture and Grammar: A Response to Some Criticisms. *Language* 85 (no. 2 Juni 2009): 405-442.

- Ders. 2012: *Language: The Cultural Tool*. London: Profile Books.

- Ders. und Sarah Tomason 2001: Pronoun borrowing. *Proceedings of the Annual Meeting of the Berkeley Linguistics Society*: 301-315.

- Frank, Michael, Daniel Everett, Evelina Fedorenko und Edward Gibson 2008: Number as a cognitive technology: Evidence from pirahã language and cognition. *Cognition*, no. 108: 819-824.

- Gonçalves, Marco Antônio 1993: *O significado do nome: cosmologia e nominação entre os Pirahã*. Rio de Janeiro: Sette Letras.

- Ders. 1995: A produção de afinidade no sistema de parentesco Pirahã. In: Eduardo Viveiros de Castro (Hg.), *Antropologia do Parentesco: estudos ameríndios*. Rio de Janeiro: UFRJ: 207-228.

- Ders. 2000: *Pirahã*. In: *Povos Indígenas no Brasil*. http://pib.socioambiental.org/en/povo/piraha/806. (27. Oktober 2012).

- Ders. 2001: *O mundo inacabado: Ação e criação em uma cosmologia amazônica*. Rio de Janeiro: Editora UFRJ.

- Ders. 2005: Cultural Constraints on Grammar and Cognition in Pirahã: Comments. *Current Anthropology* 46 (Nr. 4, August/Oktober 2005): 636-637.

- Gordon, Peter 2004: Numerical Cognition Without Words: Evidence from Amazonia. *Science* Vol. 306 (Oktober 2004): 496-499.

- Hartwig, Vera 1994: *Indianer? Indigen? Indígenas? Indigenismus? Indianidad?* In: Quetzal Leipzig, Ausgabe 08. http://www.quetzal-leipzig.de/themen/ethnien-und-kulturen/indianer-indigen-indigenas-indigenismus-indianidad-19093.html (4. Januar 2013).

- Heinrichs, Arlo 1964: Os fonemas do Mura-Pirahã. *Boletim do Museu Paraense Emilio Goeldi* Nova série, Antropologia 21.

- Kay, Paul 2005: Cultural Constraints on Grammar and Cognition in Pirahã: Comments. *Current Anthropology* 46 (Nr. 4, August/Oktober 2005): 636-637.

- Levinson, Stephen C. 2005: Cultural Constraints on Grammar and Cognition in Pirahã: Comments. *Current Anthropology* 46 (Nr. 4, August/Oktober 2005): 637-638.

- Meier, Cécile, Petra Schulz und Helmut Weiß 2012: Einleitung. In: Heinz J. Drügh (Hg.), *Germanistik: Sprachwissenschaft, Literaturwissenschaft, Schlüsselkompetenzen*. Stuttgart: Metzler.

- Nevins, Andrew, David Pesetsky und Cilene Rodrigues 2009: Pirahã Exceptionality: A Reassessment. *Language* 85 (no. 2 Juni 2009): 355-404.

- Nimuendajú, Curt 1925. As tribus do alto Madeira. *Journal de la Société des Américanistes*, no. 17: 137-172.

- Ders. 1948: The Mura and Pirahã. In: J. Steward (Hg.), *Handbook of South American Indians*. Bureau of American Ethnology: 255-269.

- O'Neill, Michael und Randall Wood 2012: *The Grammar of Happiness*. Film, 52 Min.

- Piantadosi, Steven, Laura Stearns, Daniel Everett und Edward Gibson 2012: A corpus analysis of Pirahã grammar: An investigation of recursion. *Talk presented at the LSA conference in Portland, OR on January 7, 2012.*

- Pica, Pierre, Cathy Lemer, Véronique Izard und Sanislas Dehaene 2004: Exact and Approximate Arithmetic in an Amazonian Indigene Group. *Science Vol. 306 (October 2004): 499-503.*

- Sakel, Jeanette 2012: Acquiring complexity: The Portuguese of some Pirahã men. *Linguistic Discovery*, 10 (1): 75-88.

- Sheldon, Steven N 1988: Os sufixos verbais Mura-Pirahã. *Série Lingüística* 9 (SIL International Vol. 2): 147-175.

- Ströbele-Gregor, Juliana 2004: Indigene Völker und Gesellschaft in Lateinamerika: Herausforderungen an die Demokratie. In: *Indigene Völker in Lateinamerika und Entwicklungszusammenarbeit*. Eschborn: Deutsche Gesellschaft für Technische Zusammenarbeit (GTZ): 1-27.

- Viveiros de Castro 1998: Cosmological Deixis and Amerindian Perspectivism. *The Journal of the Royal Anthropological Institute*, Vol. 4, No. 3 (Sep., 1998): 469-488

- Ders. 2011: *A inconstância da alma selvagem – e outros ensaios de antropologia*. São Paulo: Cosac Naify.

- Whorf, Benjamin Lee 2008 [1956]: *Sprache-Denken-Wirklichkeit*. Hamburg: Rowohlt.

- Wierzbicka, Anna 2005: Cultural Constraints on Grammar and Cognition in Pirahã: Comments. *Current Anthropology* 46 (Nr. 4, August/Oktober 2005): 641.